1分間で経済学
ECONOMICS IN MINUTES

経済に強い自分になる200のキーワード
200 Key Concepts Explained in an Instant

ニーアル・キシテイニー

望月 衛 訳

ダイヤモンド社

ECONOMICS IN MINUTES
by Niall Kishtainy

Copyright © Quercus Editions Ltd 2014
Text by Niall Kishtainy
Illustrations by Tim Brown
The Author's moral rights have been asserted.
All rights reserved.
Japanese translation rights arranged with Quercus Editions Limited, London
through Tuttle-Mori Agency, Inc., Tokyo

1分間で経済学

経済に強い自分になる200のキーワード

ECONOMICS IN MINUTES

200 Key Concepts
Explained in
an Instant

ニーアル・キシテイニー　望月 衛 訳

はじめに
Introduction

　ある社会が他の社会より豊かなのはなぜだろう？ 銀行がつぶれるのはどうしてだろう？ 税金はどこまで高くてもいいものなのだろう？ 経済学者はこうした問いに答えようとする。しかし往々にして彼らの間でも意見が異なる。門外漢にとって経済学は、専門用語と複雑な数学でいっぱいのよくわからない言語にしか聞こえないかもしれない。また、経済ニュースを見れば、株価が急騰と急落を繰り返し、経済は危機と危機の間でよろよろしているように思えて途方に暮れてしまうかもしれない。専門家の言葉遣いの後ろにある経済学の大部分は、実はかなり単純な原則に要約できる。本書では、経済はどう動くものか、また経済をどう運営するべきかについて、理論を感覚的に示す。

　経済学とは実際のところ何だろう？「経済学」は古代ギリシャで使われていた「家計のやりくり」を意味するギリシャ語の言葉がもとになっている。今日、経済学の対象はもっと幅広くなっているが、家計や個人は、古来ずっと、経済を構成する要素だった。人々は、自分の得た所得で何を買うか、あるいはどれだけ働くか、意思決定を行う。その際、彼らは人生の根本的な経済的事実に直面する。すなわち、食料や

電力、時間といった資源には限りがあり、何を消費し、何を生産するか、選ばなければならない。そんな選択を行うのは人間であり、だからこそ人間行動の説明が経済学の核になっている。消費者が新しいコンピュータを買い、実業家が新しい工場を建て、労働者が町から遠く離れた場所での仕事に就くとして、それはなぜなのだろう？

　経済学者の大部分は、自分がやっているのは科学だと考えている。たとえば失業に見られる傾向など、経済現象を統べる一般法則を明らかにするのが自分の仕事だと考えている。物理学者がロケットの飛び方を説明する法則を探すのと同じである。しかし、人間行動の法則を特定するのはロケットの軌跡を説明するよりずっと難しい。だから、経済学者たちの間でも意見は一致しない。たとえば、経済を不況から抜け出させるべく政府はお金を遣わないといけないかどうか、公的債務はどの水準までなら持続可能であるか、といった問題がそうだ。本書では、そうした問題が論じられるときに使われる難しい言葉の意味を解きほぐし、経済学の概念をわかりやすく説明する。そうすることで、経済学の重要で影響の大きい概念がもっとわかりやすくなればと思う。

目次

はじめに 2

Chapter 1

市場、効率、公正
経済学の基本から最新理論までおさえるための41ワード

001 経済人と合理性	14	012 労働供給	36
002 希少性	16	013 価値のパラドックス	38
003 効用	18	014 需要と供給	40
004 選好	20	015 需要の法則	42
005 機会費用	22	016 需要の弾力性	44
006 代替財と補完財	24	017 ギッフェン財	46
007 正常財と下級財	26	018 一般均衡	48
008 所得効果と代替効果	28	019 見えざる手	50
009 消費者余剰	30	020 パレート効率性	52
010 エンゲルの法則	32	021 市場の効率性と厚生経済学の定理	54
011 時間と割引	34	022 市場の失敗	56

023 外部性	58		033 モラル・ハザード	78
024 共有地の悲劇	60		034 逆選択	80
025 コースの定理	62		035 シグナリングとスクリーニング	82
026 公共財とタダ乗り	64		036 オークションと勝者の呪い	84
027 セカンド・ベスト	66		037 サーチとマッチング	86
028 アローの不可能性定理	68		038 ゲーム理論と囚人のジレンマ	88
029 リスクと不確実性	70		039 信用できる脅し	90
030 リスク回避	72		040 行動経済学	92
031 保険	74		041 アレのパラドックス	94
032 プリンシパル・エージェント問題	76			

Chapter 2

貨幣と金融
お金と金融のしくみを理解するための24ワード

042 貨幣の役割	98		046 貨幣需要	106
043 不換貨幣と物品貨幣	100		047 金利	108
044 マネーサプライ	102		048 通貨発行益	110
045 貨幣創造	104		049 貨幣錯覚	112

050	フィッシャー効果	114	058	金融工学と派生商品	130
051	銀行と金融仲介	116	059	トービンのQ	132
052	取り付け騒ぎ	118	060	効率的市場仮説	134
053	債券	120	061	金融危機	136
054	リスクとリターン	122	062	信用収縮	138
055	株式市場	124	063	金融バブル	140
056	資本資産価格モデル(CAPM)	126	064	企業の資金調達	142
057	イールドカーブ	128	065	予測	144

Chapter 3

企業と産業

ビジネスで成功を収めるための22ワード

066	企業の存在	148	073	規模の経済	162
067	利益最大化	150	074	埋没費用(サンクコスト)	164
068	企業の所有と経営	152	075	分業	166
069	公開企業と有限責任	154	076	完全競争	168
070	生産関数	156	077	独占	170
071	収穫逓減の法則	158	078	自然独占	172
072	平均費用と限界費用	160	079	寡占	174

080	独占的競争	176	084 参入障壁と競合可能な市場	184
081	カルテル	178	085 特許	186
082	価格差別	180	086 企業への課税	188
083	略奪的価格設定	182	087 広告	190

Chapter 4

所得、失業、インフレ
国の経済力を把握するための32ワード

088 GDPとその要素	194	098 摩擦的失業と構造的失業	214
089 実質GDPと名目GDP	196	099 フィリップス・カーブ	216
090 所得循環	198	100 スタグフレーション	218
091 投資	200	101 履歴効果	220
092 消費	202	102 流動性の罠	222
093 政府支出	204	103 インフレのメリットとデメリット	224
094 総需要と総供給	206	104 デマンド・プル・インフレとコスト・プッシュ・インフレ	226
095 好況、不況、恐慌	208	105 生計費	228
096 失業とその費用	210	106 貨幣数量説	230
097 自然産出量	212	107 ハイパーインフレーション	232

108 合理的期待	234	114 政治的景気循環	246
109 ライフサイクルと恒常所得	236	115 労働需要	248
110 ケインジアン乗数	238	116 効率的賃金	250
111 ビルトイン・スタビライザー	240	117 賃金と価格の硬直性	252
112 リアル・ビジネス・サイクル理論	242	118 住宅市場	254
113 貨幣の中立性	244	119 GDPと幸福	256

Chapter 5

経済政策と政府
政治と経済の関係を見極めるための28ワード

120 安定化政策	260	129 サプライサイド経済学とラッファー・カーブ	278
121 金融政策	262	130 リカードの等価定理	280
122 量的緩和	264	131 独立した中央銀行と動学的不整合	282
123 財政政策	266	132 財政赤字と財政黒字	284
124 政策の裁量とルール	268	133 均衡財政	286
125 マネタリズム	270	134 政府債務	288
126 インフレーション・ターゲティング	272	135 租税負担率	290
127 ルーカス批判	274	136 直接税と間接税	292
128 クラウディング・アウト	276	137 課税の死荷重	294

138	定額税	296	143 最低賃金	306
139	課税による再分配	298	144 競争政策	308
140	福祉国家	300	145 規制	310
141	年金	302	146 公害税	312
142	価格統制と補助金	304	147 命の価格	314

Chapter 6

国際経済
グローバル経済のしくみを見抜くための18ワード

148	比較優位	318	157 国際資本移動	336
149	国際収支	320	158 多国籍企業	338
150	自由貿易	322	159 労働移動	340
151	保護主義と貿易戦争	324	160 実質為替レートと名目為替レート	342
152	グローバリゼーションと市場の統合	326	161 固定相場制と変動相場制	344
153	貿易と地理	328	162 金本位制	346
154	フェアトレード	330	163 通貨危機	348
155	ブレトンウッズ体制	332	164 単一通貨	350
156	アメリカの貿易赤字と国際不均衡	334	165 通貨の下落	352

Chapter 7

社会と経済
思想と制度の変遷を知るための16ワード

166 経済学と道徳	356	174 労働組合	372
167 宗教と経済	358	175 不足と割り当て	374
168 経済学と文化	360	176 経済自由主義	376
169 制度と財産権	362	177 誇示的消費	378
170 マルクス経済学	364	178 家族の経済学	380
171 労働価値説	366	179 性別	382
172 集権による計画体制	368	180 社会関係資本	384
173 社会的市場	370	181 経済改革	386

Chapter 8

成長と開発
貧困と不平等を解決するための19ワード

182 成長とその源泉	390	185 内生的成長	396
183 生活水準と生産性	392	186 技術	398
184 経済の収斂	394	187 人口増加	400

188	工業化と近代成長	402	195	不平等と成長	416
189	創造的破壊	404	196	人的資本	418
190	開発経済学	406	197	アジアの虎	420
191	貧困ライン	408	198	非公式経済	422
192	権原理論と飢饉	410	199	枯渇性資源	424
193	債務減免	412	200	環境と集団行動	426
194	従属理論	414		

用語集 428

索引 434

Chapter 1

市場、効率、公正

Markets, efficiency and fairness

経済学の基本から
最新理論までおさえるための41ワード

001 経済人と合理性
Economic man and rationality

　本質的に、経済学は人間行動の理論である。経済学者は、人々は合理的な存在で、価格や金利といった経済変数は、経済に影響するなら天候のようなものさえ、一貫した論理に基づいて反応すると考える。つまり、人々は自分が経済的に得るものが最大になるように意思決定を行うということである。人々は自分の選好にちょうど合うように、また可能な限り安い価格で、車を買ったりコートを買ったりする。

　経済学の言う「合理性」とは、たとえばさまざまな財の価格や特徴といった情報を収集し、処理し、それに基づいて最もよい判断を容易に下せるということである。現実には、人は冷徹で合理的な計算機からは程遠い。人は気まぐれで情緒的であり、下す経済的な判断は、よくても「十分によい」程度、綿密な計算よりもむしろもっともらしい経験則に基づくものである。それでもなお、経済学者は合理性を便利な単純化であると考え、理論の大部分を合理性に基づいて構築する。

Chapter 1　市場、効率、公正

002 希少性
Scarcity

資源には限りがある。いつ何時をとっても、世に出回る小麦や石炭、セメントには限りがある。資源の用途は無限だ。セメントは、家を新築するのにも工場を改築するのにも使えるし、小麦は、さまざまな食品に加工されて、さまざまな人がそれを消費する。新築の家、よりよい工場、栄養状態の改善、どれも望ましいが、資源は限られているため、すべてを手に入れることはできない。どれを選ぶかをどう決めるかは、経済学の本質的な問いである。

経済学者はこの問題をトレードオフの問題と見る。競合する選択肢それぞれに費用と便益があるが、費用に対する便益を最大化するのが最もよい選択肢である。希少な資源を配分するにはこのトレードオフを分析しなければならないというのが現代経済学の本質である。イギリスの経済学者ライオネル・ロビンズはそれをこう表現している。「さまざまな目的の、さまざまな用途を持つ希少な資源との関係として人間行動を捉え、研究する科学」。経済学者は、市場は資源の用途を決められる強力な手段だと考えるようになった。

003 効用
Utility

　経済学は、人間行動にはこんな論理が働いていると仮定する。すなわち、食料の購入でも貯蓄にかかわる選択でも、「効用」の最大化がすべての意思決定の目的であるとする。バナナよりイチゴが好きだとすると、前者の効用は「2」、後者の効用は「4」、と数量化できるかもしれない。合理的経済人の目的はただ1つ、効用の最大化である。経済学とはお金の研究だと思われがちだが、お金は単に財を買うのに必要であるにすぎない。人間の行動を統べるのは財で得られる効用である。

　効用は主観的なものだ。私はイチゴで幸せになるが、イチゴが嫌いな人なら不幸せになる。初期の理論では、効用はお金のような尺度と位置づけられていた。効用が4の人は効用が2の人の2倍幸せということだ。しかし、効用は直接には観察できないから、今では経済学者は効用を順位数と位置づけている。バナナよりイチゴを選んだ人がいれば、その人は前者より後者から高い効用を得るのだと言っていいが、それぞれの選択が与える効用を絶対水準で測ることはまったくできない。

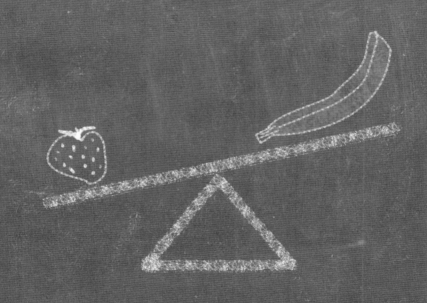

Chapter **1**　市場、効率、公正

004 選好
references

　経済学は人の幸せを選好、つまりあるモノよりも別のある財を選ぼうとする欲求が、どれだけ満たされたかで測る。しかし資源は限られているため、人が実際に満たせる選好には限度がある。個人がそれを経験するのは、「予算制約」に直面したときである。人は財を買うのに遣えるお金の額の範囲でしか、欲求を満たすことができない。そしてお金を遣うとき、人は自分の効用、つまり幸せを最大化するように遣う。

　人の欲求の全体像を観察するのは、もちろん難しい。だから経済学者は、彼らが「顕示選好」と呼ぶもので選好を考える。スカートもジーンズも買えるお金を持つときに後者を買う人を見たら、その人はスカートよりジーンズを選好するのだと推論できる。それを出発点に、経済学は、価格や所得の変化で生じる予算制約の緩和や緊縮に個人がどう反応するかを説明しようとする。

005 機会費用
opportunity cost

　日常的な考えでは、大学に行く費用は授業料に食費、家賃などで構成される。一方、経済学者はある選択肢を選ぶことの真の費用は、その結果得られなくなる機会だと考えるのを好む。だからたとえば、大学に行くことの費用は就職である。大学に行くことの最大の機会費用とは、稼げたはずのお金であり、学生の直接の支出、つまり食費や家賃は、働いていてもかかるお金であり、そういう費用はむしろ働いているほうがたくさんかかるかもしれない。

　機会費用の概念は、資源が最もよい使われ方をしているか判定する際に役立つ。ある企業が町の中心にある自社ビルで営業しているとしよう。事務所に家賃はかからないかもしれないが、社員をもっと地価の安い郊外の事務所に移し、街の中心のビルを賃貸していたら得られたはずの、大きな家賃収入を取り逃がしているかもしれない。

Chapter 1　市場、効率、公正

006 代替財と補完財
Substitutes and complements

　チョコレートにはさまざまな種類があり、経済学者はそれらを「代替財」と呼ぶ。いずれも同じ基本的な欲求を満たすものであり、あるチョコレートの価格が上がれば、人はそのチョコレートを買わなくなり、代わりに別の種類を買うようになるだろう。対照的に、財には合わせて消費するものもある。たとえばCDとCDプレイヤーがそうだ。CDの価格が上がればCDプレイヤーの需要は減るだろう。経済学者はこの種の財を「補完財」と呼ぶ。

　お互いに無関係の財もたくさんある。ある財の価格が変わっても、それ以外の財の需要は変わらないということだ（マグロとコンピュータ・ゲームがそうかもしれない）。財にはそれぞれある程度の代替性と補完性がある。たとえば、ブランドの異なるオレンジジュース2つの間には高い代替性があるだろうが、バターとマーガリンの間にはそこまでの代替性はない。独占禁止を担う当局は、ある企業が市場をどの程度独占しているか評価する際に代替性を用いている。バターの市場を独占している企業は、消費者が代わりにマーガリンを選ぶことができるなら、あまり価格を引き上げられないはずだ。

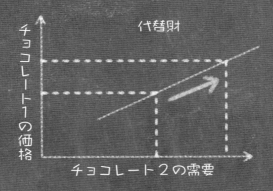

代替財

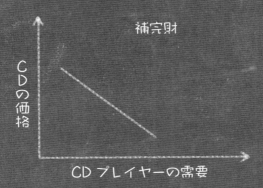

補完財

007 正常財と下級財
Normal and inferior goods

　お給料が上がったとしよう。あなたは懐が豊かになった気がして、お気に入りのビールの消費を増やす。この場合、ビールは「正常財」と呼ばれるものであることになる。正常財の消費は所得が上がれば増え、所得が下がれば減る。

　一方、より豊かになったあなたは、それまでよく飲んでいた安いブランドのリンゴ酒はそれまでほど飲まなくなる。この場合、リンゴ酒は「下級財」だということになる。下級財の消費は所得が上がれば減り、所得が下がれば増える。

　もちろん、消費者の所得水準によって、同じ財があるときは正常財、あるときは下級財になることもある。お給料が上がれば私はもっとビールを飲むだろうが、宝くじが当たれば私はビールとは完全に手を切って、以降ずっとシャンパンばかり飲むかもしれない。

Chapter 1 市場、效率、公正

008 所得効果と代替効果
Income and substitution effects

　ポテトチップスとコーラだけにお金を遣う学生を思い浮かべてほしい。ジャガイモが大豊作でポテトチップスの価格が下落したとしよう。学生の支出は2通りの影響を受ける。第1に、コーラの価格はポテトチップスの価格に比べて高くなる。コーラを1缶買うことで学生が諦めなければならないポテトチップスの量はそれまでより多くなる。学生が買うコーラの量は減り、買うポテトチップスの量は増える。経済学者はこの影響を「代替効果」と呼ぶ。第2に、ポテトチップスの価格が下がったので、学生の購買力は高まる。所得が増えたことになるからだ。それで学生はポテトチップスもコーラも今までよりたくさん買うことになるだろう。それが「所得効果」だ。

　経済学者は価格の変化が需要に与える結果をこうした2つの影響に分ける。学生のポテトチップスの消費に及ぶ影響は明らかだ。代替効果も所得効果も、ポテトチップスをもっと買うほうに向いている。一方、コーラの消費が受ける影響は不確かだ。代替効果は消費を減らすが、所得効果は消費を増やすからである。

Chapter 1 市場、効率、公正

009 消費者余剰
onsumer surplus

　ある女性が買い物に出かけ、サイズがぴったりの寝間着を見つけたとする。彼女は250ポンドまでなら買ってもいいと思っていて、価格はちょうど100ポンドだった。その結果、この女性が得る「消費者余剰」、つまり女性が払ってもいいと思う価格と実際に払う価格の差は150ポンドになる。

　とても高い価格だと、寝間着は大金を「払ってもいい」と思う少数の人たちに少ししか売れない。価格が100ポンドならそうした人たちは大きな消費者余剰を得るだろうが、消費者余剰が生じるのは全部で500着までで、500着目はちょうど100ポンドまでなら買う気がある人に売れるとすれば、もっと売るためには価格を下げ、「払ってもいい」額が100ポンドより低い人たちに1着買う気にさせないといけない。それぞれの消費者が得る消費者余剰を足し合わせたものが、寝間着市場全体の総消費者余剰である。経済学者はそれを経済的な幸せの尺度だと考えている。つまり、総消費者余剰が大きいとき、消費者の欲求はよく満たされている。

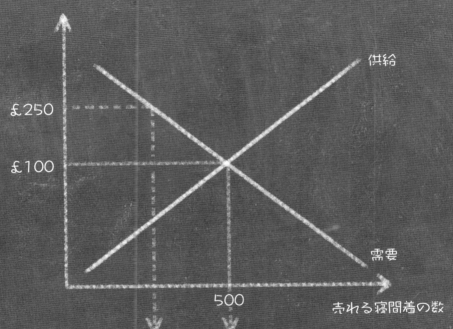

010 エンゲルの法則
Engel's law

　19世紀ドイツの経済学者エルンスト・エンゲルは食費と所得の関係に見られる基本的なパターンを特定した。彼の主張によれば、人の所得が増えるとき、食料に遣われるお金は少ししか増えず、だから食費に充てられる所得の割合は下がる。一夜にして所得が3倍になった人が食費も3倍にするとは、その人が当初極貧にあえいでいたのでない限り、考えにくい。

　　この法則から、貧しい人が食費に充てる所得の割合は高いと考えられる。発展途上国のとても貧しい家族は、所得の大部分を基本的な食料に充てていることが多い。それを豊かな国の消費者と比べてみればいい。豊かな国の消費者は、所得を住宅や旅行、休暇、娯楽といった、複雑な財の組み合わせに費やす。食料が占める割合はほんの少しだ。エンゲルの法則は、貧しい人たちが食費の上昇に打撃を受けやすいことに光を当てている。所得のほとんどが食費に充てられるなら、食料の価格が上がれば十分に食べられなくなるかもしれない。

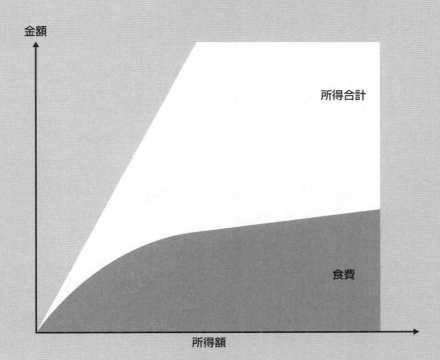

市 場 、 效 率 、 公 正

011 時間と割引
Time and discounting

　経済的な意思決定は、買うかどうかだけではない。いつ買うかもそうだ。せっかちな人なら、お金を借りて今日テレビを買うかもしれない。でも気の長い人なら、自分で稼いだお金が入るまで待つかもしれない。経済学者は人のせっかちさの水準を「時間選好」と呼ぶ。人より気の長い人もいるけれど、一般的に人は1か月後のテレビより今日のテレビを好む。それを、人は将来を「割り引く」という。

　高い割合で割り引く人は貯金する可能性が低く、むしろ今日消費する割合が高い。これは「金利」という概念に結びつく。1年後の100ポンドは、今日の100ポンドより価値が低いと考えられる。だから誰かに100ポンド貸すなら、1年後には100ポンドを超える額を払えと求めるだろう。1年後に100ポンド入るなら、その額の「現在価値」はいくらか知りたいと思うだろう。その額は、1年後に100ポンド払ってもらうために今日払わないといけない額であり、金利の分だけ100ポンドを下回る。

Chapter **1**　市場、効率、公正

012 労働供給
Labour supply

　どれだけ働くかの意思決定は、消費と余暇の選択と捉えることができる。労働者は賃金の上昇にどう反応するだろう？直観的には、もっと働くはずだと思えるかもしれない。余暇1時間は、その余暇によって失われる賃金に換算すると、それまでより高くなる。だから、それで得られなくなる消費も大きくなる。それなら余暇の時間を減らし、もっと働くだろう。

　しかし、賃金が上がるため、労働者はより豊かになる。もっと余暇を賄えるようになり、だから今までほど働かなくなるかもしれない。2つ目の効果が1つ目の効果を上回る可能性もあり、その場合、全体として見ると、賃金が上がることの効果で、労働者はそれまでほどには働かなくなる。そしてそんな結論は決して机上の空論ではない。先進国では過去数世紀にわたり、賃金が大きく上昇したにもかかわらず週当たりの労働時間は減少している。労働者はより豊かになり、手にした大きな富を、もっと余暇をとることに遣ったのである。

Chapter 1 市場、效率、公正

013 価値のパラドックス
The paradox of value

　コップ1杯の水は、命に欠かせないのにどうしてほとんど価値がないのだろう？　その一方でダイヤモンドは、現実的には何の使い道もないのにどうしてあんなにも価値が高いのだろう？　これは「価値のパラドックス」と呼ばれ、大昔から哲学者や経済学者が検討してきた。おそらく最も有名なのは18世紀スコットランドの経済学者、アダム・スミスだろう。このパラドックスは、「限界効用」の概念を使えば解決する。

　効用とは、たとえばブドウのような財を消費することで得られる喜びあるいは幸せのことだ（18ページ 003 効用を参照）。限界効用とは、もう1単位消費することで新たに得られる喜びであり、だから、ブドウを5粒食べたなら限界効用は5粒目のブドウから追加で得られる喜びのことである。限界効用は低減する傾向がある。5粒目のブドウから追加で得られる効用は、おそらく1粒目のブドウよりも小さい。ダイヤモンドはとても希少なので、限界効用はとても高く、だから価値もとても高い。対照的に、水は世界中のほとんどどこでも容易に手に入るから、水1滴の限界効用はとても低い。

Chapter 1 市場、效率、公正

014 需要と供給
Supply and demand

　自由な市場では、財の価格は需要と供給で決まる。小麦の市場価格は農家による小麦の供給と、製粉工場や食品製造業者による小麦の需要の相互作用を通じて決まる。供給の水準が需要の水準と一致するとき、市場は均衡していると言う。

　　　　均衡では市場は静止する。そのときの価格で小麦を買いたい製粉工場はすべて、売りたいと思う農家を見つけられるし、小麦を売りたい農家はすべて、買いたいと思う製粉工場を見つけられる。しかし、市場は均衡から外れることがよくある。急に干ばつが起きて小麦の供給が需要を下回り、小麦不足が生じたりする。自由な市場の力とは、そんな状態を解消する能力である。小麦を求める製粉工場は多すぎ、小麦は少なすぎだから、農家は価格を引き上げても販売数量が減る心配をしなくていい。価格が上がれば需要は絞られ、供給は促進され、市場が均衡に達するまでそれは続く。

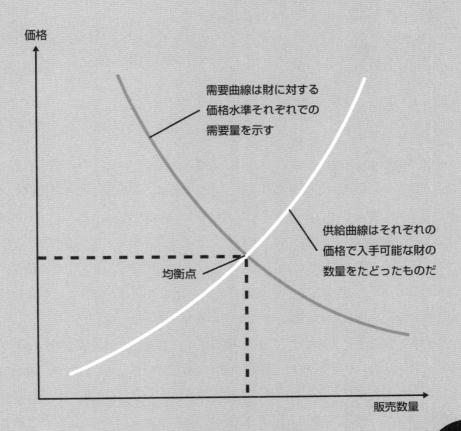

015 需要の法則
The law of demand

　経済学の基本「法則」によれば、財の価格が上昇すればその財に対する人々の需要は減少する。価格が下落すれば需要は増加する。この仮説は極めて頑健だが、抽象的な法則の常として、法則を導くために使われた仮定のほうは、いつも現実に成り立つとは言えない。たとえば、車のショウルームが車を大幅に値引きして売り出せば、区画を1周するぐらいの行列ができるかもしれない。でも、車の品質がはっきりしなかったらどうだろう？ 価格が安いのは車の品質が悪いことを示しているかもしれない。それなら、買い手は減りこそすれ増えはしないだろう。

　加えて、財の需要を左右する要因は価格以外にもある。消費者の嗜好は変わりうるし、非常に近い代替財の価格が変われば需要も変わるかもしれない。財には特殊な種類のものもあり、たとえば自分の富を見せびらかすための財（いわゆる誇示的消費。378ページ **117** を参照）がそうだ。この種の財は、価格が上がれば需要はむしろ増える可能性がある。

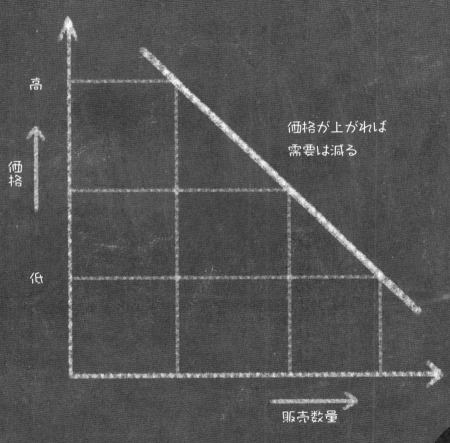

016 需要の弾力性
Elasticity of demand

　さまざまな財の価格の変化に対して人々が見せる反応も、やはりさまざまだ。たとえば、ジャムの価格が上がったとする。消費者はたやすくマーマレードに乗り換えられる。だから、ジャムの需要は価格の変化に敏感だ。それを経済学者は、需要は弾力的だと言う。対照的に、公共の交通機関がバス1本しかない村を考えよう。バスの運賃が上がっても需要はあまり影響されない。この場合、バスでの移動は価格弾力性が小さい。

　必需品である財や、代替財があまりない財は、非弾力的でありがちだ。一方、ぜいたく品や、容易に代替財が入手できる財は弾力的でありがちである。短期では需要は非弾力的になる傾向があるが、長期では消費者は価格の変化に反応する。1970年代、産油国は石油の価格を高く保ち、巨額の収入を得ようとした。しかし長期的には、消費者はより燃費のいい車に乗り換え、石油に対する需要を抑制した。

Chapter 1　市場、效率、公正

017 ギッフェン財
giffen goods

　ラップトップ・コンピュータの価格が上がれば、需要は減ると思うだろう。しかし経済理論は、価格が上がれば需要が減らずに増える場合にも対応できる。価格の上昇は、互いに相反する2つの影響をもたらす。ある財の価格が上昇すれば消費者は他のもっと安い財に支出を振り向ける。しかしそれに加えて、価格の上昇で消費者の購買力は低下し、実質所得は減少する。ラップトップなどの財は所得が減少すれば需要も減る傾向がある。財には下級財と呼ばれる違った種類もあり、所得が減少すればこの種の財の需要は増える。「ギッフェン財」は下級財の中でもそんな所得効果が強い財であり、価格が上昇すれば需要が増加する。所得の大部分を食費に充てる貧しい家計は、食料価格が上昇すれば大きな実質所得の減少に見舞われる。家計は肉や砂糖など、必須とは言えない財を控え、今までよりいっそう主食の食材に充てるようになるかもしれない。19世紀にアイルランドで起きたジャガイモ飢饉の際、ジャガイモはギッフェン財だったと主張する人もいる。

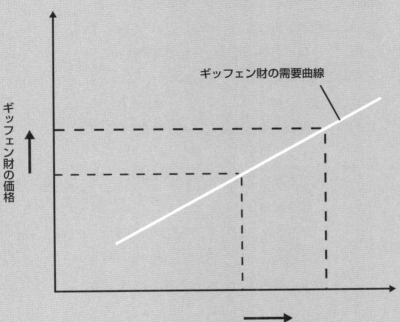

逆説的にも、ギッフェン財は価格が上昇すれば需要が増加する。消費者の他の財を購入する能力が低下するからだ。

018 一般均衡
general equilibrium

　ガソリンの価格が上がれば、ガソリンの消費者需要は減る。車に乗らなくなり、自転車を買うかもしれない。その結果、自転車の価格は上昇し、自転車市場に新しい生産者が参入して、資源は自転車の生産に振り向けられるかもしれない。このように、さまざまな市場は互いに結びついており、1つの市場にショックが加わると残りの市場に余波が及ぶことがある。

　私たちは市場をそれぞれ単独で考えがちだ。車の価格が変動し、需要と供給が一致する、などと口にする。それを経済学者は「部分均衡」と呼ぶ。一般均衡理論は、市場間の結びつきを考慮し、経済全体にわたる均衡の可能性を考える。遮るものなく完全に自由な市場は、大混乱で不安定なものだと思うかもしれない。どんな形であれ、そんなところに秩序なんて生まれるんだろうか？ 一般均衡理論は、一定の条件の下で、すべての市場に均衡をもたらす一連の価格が存在すると示した。ただし、そんな条件が現実に成り立つかは別の話である。

019 見えざる手
The invisible hand

　18世紀スコットランドの経済学者にして哲学者、アダム・スミスが書いた有名な一文がある。「肉屋やビール屋、パン屋がいい人だから私たちは晩ごはんにありつけるのではない。彼らが我欲でいっぱいだからこそ、私たちは晩ごはんを食べられるのだ」。私たちのおなかが減っているとき、肉屋は私たちに肉を提供してくれるが、肉を買うとき、私たちは肉屋に生計を提供している。

　「見えざる手」はスミスが使った喩えで、自由な市場が自然と人々の欲求を満たす様子を表している。肉屋に特定の場所で肉を売りなさいと命じたり、おなかを空かせた人に晩ごはんはどこそこで食べなさいと指示したりする調整機関など、ありはしない。供給を需要と一致させるのは価格であり、だから、ある財をその価格で買いたいと思う人は全員その価格で手に入れられるのだ。したがって、経済学の大部分の根本的教義は、人々が純粋に自分の利益だけを追求するともたらされるのは混沌ではなくむしろ社会的利益である、というものになる。経済学はさらに深みに踏み込んで、見えざる手はどうやって機能するのか、またどんなときに機能しないのかを研究している。

Chapter 1　市場、効率、公正

020 パレート効率性
Pareto efficiency

　経済学者は、経済で得られた結果をただ説明するだけでは満足しない。得られた結果がどれだけ望ましいかも測ろうとする。そんなとき彼らが用いる基準が「パレート効率性」である。この呼び名はこの概念をつくったイタリアの経済学者の名前から来ている。

　トムが、ポテトチップスを2パック、スウィートポテトを2パック持っているとする。彼は、ポテトチップスは好きだがスウィートポテトは好きでも嫌いでもないとする。ジェインはポテトチップスを2パック持っていて、ポテトチップスもスウィートポテトも好きだとする。トムがジェインにスウィートポテトを与えたとして、ジェインの状態は改善するがトムの状態は悪化しない。これを「パレート改善」と言う。元の財の配分は「パレート非効率」である。配分を変えれば、誰の状態も悪化させることなく誰かの状態を改善できるからだ。そういう再配分をすべて行うと社会のパレート効率性が実現する。誰かの状態を悪化させることなくして誰の状態も改善できない、そんな社会の状態である。市場での交換は、買い手と売り手の双方が利益を得るときに実現する。経済学の大部分が対象にしているのは、自由な市場がパレート効率性に至るための条件を明らかにすることである。

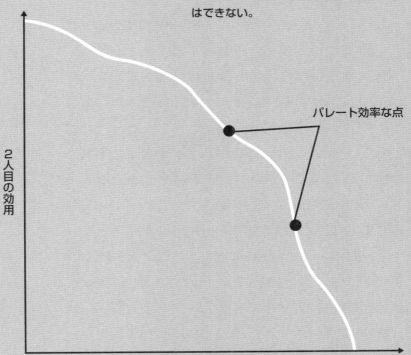

パレート効率な任意の点では、一方の状態を悪化させることなしに他方の状態を改善することはできない。

パレート効率な点

2人目の効用

1人目の効用

Chapter 1　市場、効率、公正

021 市場の効率性と厚生経済学の定理
Market efficiency and the welfare theorem

アダム・スミスの主張によると、自由市場体制は社会的に望ましい財の配分をもたらす（50ページ⑲見えざる手を参照）。中央集権的組織がなくても適切な財とサービスが生産され、それらが一番うまく使える人々の手に渡る。まるで、買い手と売り手、雇う側と雇われる側がすべて、「見えざる手」に導かれているかのようだ。20世紀、経済学者はこの考えを数学的に展開し、自由な市場が社会に利益をもたらす条件、すなわち「厚生経済学の定理」を導出した。

彼らの言う社会的利益を測る基準はパレート効率性である（52ページ⑳パレート効率性を参照）。財を現状からどのように再配分しても、誰の状態も悪化させることなしに誰の状態も改善できないとき、財の配分はパレート効率的である。厚生経済学の定理の1つによると、一定の条件の下に、自由な市場の活動を通じて実現する財の任意の配分はパレート効率である。問題は、そのための条件は非常に厳しく、現実の世界ではまず成り立たないことだ。

Chapter 1　市場、効率、公正

022 市場の失敗
Market failure

　一定の条件の下、市場は財の効率的な配分（誰かの状態を悪化させることなく他の誰かの状態を改善できない配分）を実現できる。条件が揃っていないとき、市場の失敗が起きる。効率性の条件の1つは競争である。買い手と売り手の誰も、財の価格を左右できてはいけない。だから、市場の失敗が起きる理由の1つには競争の欠落がある。独占企業がパンの市場を支配しているとする。独占企業は価格を吊り上げ供給を減らし、非効率をつくり出す。効率的であるための別の条件の1つに、市場のもたらす結果は参加者にだけ影響を与える、というものがある。あなたがバナナを山ほど買っても私には影響はない。しかし、あなたがドラムキットを買って、私が耳栓を買う羽目になったとしたら？　あなたの行動が意図せざる結果をもたらした。そんな結果はあなたがドラムに払った価格に反映されてはいない。この種の失敗を経済学者は「外部性」と呼ぶ。

　市場の失敗は、政府の介入が必要な理由に使われる。たとえばいわゆる「独占禁止」政策は独占企業を対象にする。また、ある種の課税が、外部性を相殺する目的で行われることがある。

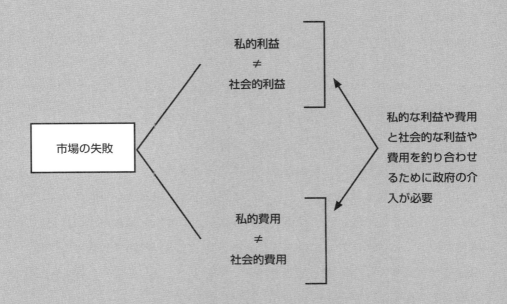

公共政策の重要な目的の1つは、市場の失敗を修正することだ。

023 外部性
Externalities

　自動車工場が漁場の上流にあるとする。工場は原材料と労働力を購入し、自動車を売って利益を得る。しかし生産活動の副産物として川に化学物質が流される。化学物質は漁場に流れ着いて魚を殺す。化学物質が漁場に与える影響は「外部性」である。工場は漁場に費用を課すが、その費用は市場に織り込まれない。工場が自動車の生産台数を決めるときに考慮するのは原材料の費用と自動車の価格だ。魚の漁獲量が減ることは考慮されない。だから市場は、工場が直面する費用と便益と、社会全体が直面するそれらを一致させるのに失敗している。「負の」外部性は工場が自動車を「過剰に」生産するということだと考えられる。

　逆に、市場は「正の」外部性を過少に生産しがちである。蜜蜂は栽培されている植物を受粉させるが、養蜂家が考慮するのは蜜の価格だけであり、自分の蜜蜂が近隣の農家にもたらす便益は考慮に入れない。実現しうる便益全体に比べると、養蜂家が持つ巣箱の数は「少なすぎる」のである。

```
┌──────┐          ┌──────┐
│ 購入 │          │ 販売 │
└──┬───┘          └──┬───┘
   ↓                 ↓
┌──────┐          ┌──────┐
│消費者│          │ 企業 │
└──┬───┘          └──┬───┘
   ↓                 ↓
┌──────────┐   ┌──────────┐
│   消費   │   │   生産   │
│外部費用  │   │外部費用  │
│または    │   │または    │
│外部利益  │   │外部利益  │
└──────────┘   └──────────┘
       ↖         ↗
        ┌──────────────┐
        │他者が被る費用や│
        │ 便益はタダ    │
        └──────────────┘
```

024 共有地の悲劇
The tragedy of the commons

　昔ながらの村を思い浮かべてほしい。人々は羊毛を売って生計を立てている。羊には共有の牧場で草を食べさせている。村は栄え、飼う羊の数は増える。でもすぐに、羊が増えすぎて、牧草が育って元に戻るより早く食べられてしまう。そのうち、地面は裸になり、羊を養えなくなる。村人たちの生計は立たなくなる。

　「共有地の悲劇」が起きるのは、村人それぞれが羊に草を食わせるとき、他の村人が羊に食わせる牧草を減らしていることを考えないからだ。ここでは牧草は共有の資源である。誰もが使えるが、1人が使えば他の人が使える分は減る。村人の行動が全部合わさって自滅を招く。村人たちが、たとえば税金や割り当てによって、羊の数を制限すると合意すれば、彼らは生業を守れる。水や道や魚といった共有の資源の利用を政府が規制しようとするのは、そういう考えが背後にあるからだ。

025 コースの定理
The Coase theorem

　ジョンがトロンボーンを手にとると、隣人のジャックは彼が出す音に我慢できない。トロンボーンはジョンには喜びを与えるが、ジャックには苦痛という費用を与える。この費用は市場には織り込まれない。だからジョンは自分の趣味が社会に課す費用の全部を負担させられはしない。経済学者は、ジョンは負の外部性をつくり出していると言う。経済学者のロナルド・コースは、市場がこの問題を解決できると示唆する定理を導いた。

　トロンボーンからジョンが得る喜びは1,000ポンドの価値があるとする。ジャックの苦痛は2,000ポンドだ。ジャックはジョンに1,500ポンド払ってトロンボーンをやめさせられる。ジョンもジャックも、それで状況は改善する。ここでは、まずジョンにトロンボーンを吹く権利があると仮定している。一方、まずジャックに平和で静かな環境を手にする権利があるかもしれない。その場合、ジョンはお金を払ってトロンボーンを吹く権利を手に入れられると考えればいい。コースの定理によれば、どちらの場合でも関係者は自分の望む解決をお金で手に入れられる。しかし、現実にはこの定理は成り立たないかもしれない。解決をお金で買おうとすると、とても高くつくことがままあるからだ。

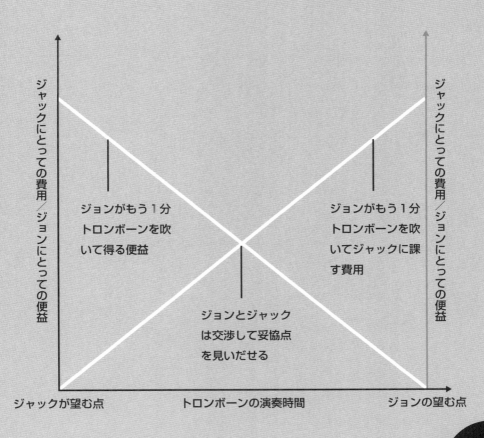

026 公共財とタダ乗り
Public goods and free riding

　ある通りの住人たちはそれぞれ、街灯の設置に100ドル分の価値を感じる。全体では彼らが得る便益は1,000ドルになる。だから街灯の費用が1,000ドル未満なら、住人がそれぞれお金を出しあって街灯を設置するのがいい。

　街灯は「公共財」と呼ばれる特殊な財の1つだ。誰もが使え、誰かが使っても他の人が使える分は減らない。それなら、街灯には価値があると認め、設置にお金を出す住人が1人でも現れるだろうか？ 街灯が設置されれば自分の役にも立ち、自分の利益にもなるとわかっているのだから、無関心を装っていたほうが理に適う。住人が全員そんなふうに「タダ乗り」をもくろむと、お金を出す人はおらず、街灯は設置されない。「タダ乗り」が起きるということは、市場が公共財を供給できないということだ。政府の重要な役割の1つは、安全保障など、社会の利益になる公共財に資金を投じることである。

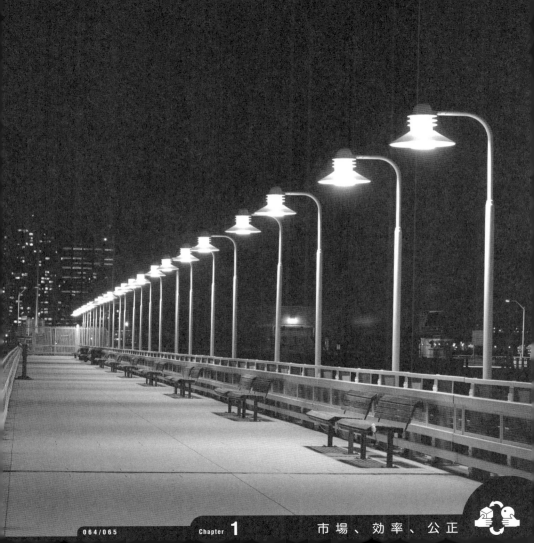

Chapter 1　市場、效率、公正

027 セカンド・ベスト
The second best

　経済学者は、自由でよく機能する市場は大きな利益をもたらすと信じきっている。市場が失敗すると、最初の反応として、問題を是正するために介入がなされるべきだと言うことがよくある。だが、セカンド・ベスト理論によると話はそう単純ではない。

　ある企業が鉄鋼市場を独占しているのが心配だとする。独占企業は社会的に望ましい水準より価格を高く、産出量を低くしがちである。だから私たちは、「独占禁止」を担う当局がその企業を小規模に分割して競いあわせるべく介入するべきだと言うかもしれない。しかし、もう1つ市場の失敗が起きているとする。同社は石油を利用しており、その石油の採掘が近隣の農業に被害を与えているとする。同社はその費用を負担してはいない。負担していれば鉄鋼の生産はさらに少なくなるはずだ。つまり、独占による産出量の抑制という1つの市場の失敗が、過剰な生産による公害という費用で相殺されている。独占という1つの市場の失敗を是正すれば、農業の収穫はさらに大きな被害を受け、状況はいっそう悪化するかもしれない。

Chapter **1**　　市場、效率、公正

028 アローの不可能性定理

Arrow's impossibility theorem

　一方に学校を建てるのにもっと資源を使うべきだと言う人がいれば、他方に道路にもっと資源を回すべきだと言う人もいる。どの社会でも、そういうことがあるものだ。集団で意思決定をするとき、社会は相反する欲求の問題に取り組むことになる。アローの不可能性定理によると、公平さを測るいくつかの理に適った基準を同時に満たす解決策は論理的に存在しない。公平さの基準の1つに「独裁者」はいないことが挙げられる。つまり、社会の意思決定を誰も1人で下すことはできないという条件だ。別の1つには、す・べ・て・の・個人それぞれが道路より学校を望むなら、社会全体としても道路より学校を望む、という仮定が挙げられる。この定理によると、明らかに理に適った公平さの基準は、互いに整合的でない。

　2つ目の基準を満たす投票の仕組みを考えてみよう。結論は、独裁者がいる、だ。すなわち、1人の投票でいつも結果が決まる仕組みである。不可能性定理はとても強力で、しかも仰天するような結論を導き出す。最も単純な投票の仕組みでさえ、矛盾やパラドックスと無縁では済まない可能性が高い。

Chapter 1　市場、效率、公正

029 リスクと不確実性
Risk and uncertainty

　生活していくうえで、経済的なリスクはつきものだ。トレーダーのポートフォリオの価値は下がるかもしれないし、天井を突き抜けて跳ね上がるかもしれない。働き手はクビになるかもしれないし、昇給するかもしれない。リスクとは、それぞれ計測可能な確率で実現する既知の事象の集合が複数の要素を持つ状況を指す。たとえばルーレットを回すとさまざまな目が出るのがそうだ。

　経済分析の大部分はこの考えを用いている。企業や個人ははさまざまな行動の期待リターンを計算し、それが最も高い行動を選ぶ。たとえばある企業が、来年は高い確率で大きな需要が市場に生まれると信じているとする。そこで同社は新製品を投入することに決める。「不確実性」とは、将来起こりうる事象の発生確率がわからず、だから期待リターンが計算できない状況を指す。不確実性はどんな経済にもつきまとう。たとえば、今から10年後、どんな新技術が存在しているかは決してわからない。つまり、現実には、将来にかかわる経済的意思決定の多くは、計算よりも直感で下されているということだ。

Chapter 1　市場、効率、公正

030 リスク回避
Risk aversion

　コインを投げて表が出たら1,000ポンドあげる、でも裏が出たら何もあげない——そう言われたとする。表も裏も、実現する可能性は2つに1つだ。だからこのコイン・トスの期待値は500ポンドになる。それがわかったうえで、この賭けに参加するか、今すぐ490ポンドもらうか、どちらかを選べと言われたらどうだろう？

　　　　経済学によると、490ポンドもらうほうを選んだ人はリスク回避的だ。その人は何ももらえないかもしれないリスクのある賭けを避けるために、より小さい利得を選んだ。これは、損失で感じる苦痛が収益で得られる快楽を上回るからである。おそらくこの人は、表が出れば100ポンド受け取り、裏が出れば100ポンド支払うゲームにも参加しないだろう。リスク回避を使えば、保険市場がなぜ存在するか説明できる。リスク回避的な個人は毎年保険会社に保険料を払って、それより大きな損失を被る可能性を避けるのである。

Chapter **1** 市場、效率、公正

031 保険
Insurance

　ソフィーは一度も泥棒に入られたことがないのに、家財保険に加入している。なぜ彼女は保険料を払いつづけるのだろう？　彼女がそうするのは、結局のところ、リスクを避けたいからだ。保険を掛けると、掛けないのに比べて泥棒に入られなかった場合は財産が少なくなるが、入られた場合は保険会社が損失を補償してくれる。保険は富を、泥棒に入られなかった場合から入られた場合へと移転する。保険を掛けないほうが、1つ目の場合ではリターンは高く、2つ目の場合ではリターンは低くなる。期待リターン、つまりそれぞれの場合に実現する富にそれぞれの場合が実現する確率を掛けて合計したものは、保険を掛けても掛けなくても同じだが、それでも、ソフィーはリスクが嫌なので保険に加入する。一方保険会社は多数の人の保険を引き受けることにより、彼女に補償を提供できる。ソフィー本人が泥棒に入られるかどうかはまず予測できない。しかし、1,000人の人のうち何人が泥棒に入られるかは理に適った予測が成り立つ。だから保険会社は、受け取る保険料の総額で支払う保険金の総額を賄えるようにしている。

Chapter 1　市場、効率、公正

032 プリンシパル・エージェント問題
The principal-agent problem

　一部の人が他の人より多くの情報を持っていると、市場は適切に機能しないかもしれない。たとえば、ある建設会社の株主が利益を最大化したいと思ったとして、そうできるかどうかは従業員の働きにかかっている。これは「プリンシパル・エージェント問題」として知られている。株主（プリンシパル）にとって重要な結果が、従業員（エージェント）の行動に依存している。しかし、エージェントは自分の行動に関してはプリンシパルよりたくさん情報を持つ。建設会社の株主は、あちこちの建設現場に散らばるレンガ職人や大工全員の仕事ぶりを監視することはできない。

　プリンシパルの思い通りに行動するとエージェントに費用が発生する場合に、どうインセンティブを設定すればプリンシパルは自分の思うようにエージェントを行動させられるか、経済理論の大部分はそれに焦点を合わせている。プリンシパル・エージェント問題の例としてもう1つ、医療市場の例が挙げられる。プリンシパル（患者）は、エージェント（医者）が勧める治療が、自分に有益な治療なのか、単に医者自身が儲かる治療なのか心配することがあるかもしれない。

プリンシパルはエージェントを
不完全にしか監視できない

プリンシパル → エージェント

エージェントはプリンシパルより
情報を持っている

033 モラル・ハザード
Moral hazard

　デイヴは携帯電話に保険を掛けている。これで携帯電話がどんな壊れ方をしても保険会社が補償してくれるのがわかっているので、彼は携帯電話をけっこう乱暴に扱いはじめ、さまざまな故障の修理代を保険会社に請求する。デイヴが事象（電話の故障）の発生確率を左右できるこんな状況は、モラル・ハザードの例だ。ここでの問題は、保険会社は加入者それぞれを監視することはできず、想定よりもずっとたくさん保険金を払う羽目になるかもしれないことだ。できるものなら、保険会社はデイヴのような軽はずみな人間には高めの保険料を課すだろう。でもそんなことはできないから、結局すべての人に高めの保険料を課すことになる。ひょっとすると、特定の種類の保険は販売するのをやめてしまうかもしれない。保険会社には情報が不足している。そのせいで、市場は揺らぐことになる。

　経済学者には、2007年に始まった金融危機はモラル・ハザードが原因の1つだと主張する人がたくさんいる。「大きすぎてつぶせない」扱いになった銀行は、過剰にリスクの大きい投資を始めるかもしれない。後から政府が救済してくれるのがわかっているからだ。

Chapter 1 市場、效率、公正

034 逆選択

Adverse selection

屋台で香水を安売りしている人のことを考えよう。この人が安売りすることで、香水は偽物かもという疑いが引き起こされる。売り手と違って買い手は香水の品質について情報を持たないからだ。これは「逆選択」の状況であり、市場からはいい製品が消え、悪い製品が出回る傾向が表れる。

例をもう1つ挙げよう。中古車の状態は買い手にはわからないかもしれないが、ボロ車の持ち主は正常な車の持ち主よりも車を売るインセンティブが強い。だから買い手は、売りに出ている中古車の平均的な品質は低いと考える。その結果、買い手は安い価格でしか買おうとせず、正常な車の持ち主は正当な価格を得られないので、正常な車は売りに出されなくなり、いつしか売りに出るのはボロ車ばかりになる。逆選択は、健康保険でも起きる。保険会社には加入者の健康状態はわからない。一番保険を掛けたがるのは、保険会社が一番避けたい不健康な人たちであるかもしれない。

逆選択の悪循環

```
車の品質について、売り手は買い手より情報を持つ
    ↓
ボロ車の持ち主のほうが車を売りに出しやすい
    ↓
市場の車の平均的な品質が下落
    ↓
価格が下落
    ↓
いい車の売り手は市場から退出
    ↓ (循環)
```

035 シグナリングとスクリーニング
Signalling and screening

　一部の人が他の人よりも持っている情報が少ないとき、市場はうまく機能しない。しかし、ある理論によれば、情報を持つ人たちが、問題を解決するために情報を公開して「シグナルを発する」ことがある。たとえば、企業はよく働く人を雇いたいが、人のそんな性質は企業にはなかなか観察できるものではない。働く側は自分の能力を知っていて、その能力を、資格をとるというシグナルで示すことができる。会計事務所が、学位を持たない他の応募者を差し置いて、歴史専攻の院卒者を実務研修の形で雇うとする。この院卒の人が大学院で研究していたことは会計とは関係がない。会計事務所は彼女に会計を一から仕込む気でいる。ここで学位は価値ある長所を示すシグナルの役割を果たしている。勤勉で有能という長所だ。企業が人の能力の高さを直接に観察できるなら学位など無用だ。情報を持たない側にもできることがある。これは「スクリーニング」と呼ばれていて、他の人たちに自分に関する情報を公開させる働きをする。保険会社やお金の貸し手は見込み客に、彼らがどれだけリスクのある客なのか明らかにするように設計された質問をすることがある。

Chapter 1 市場、效率、公正

036 オークションと勝者の呪い
Auctions and the winner's curse

　オークションに出かけたジェインはアンティークの時計を競り落とし、50ポンドを支払う。彼女が競りに勝ったのは、他の人全員を上回る価格で入札したからだ。しかし、それはある意味、彼女は時計を「高値づかみ」したということでもある。この現象は「勝者の呪い」と呼ばれている。2番目に高い入札価格が49.00ポンドなら、ジェインは49.01ポンドで入札していても時計を落札できた。だから彼女は必要な価格よりも99ペンス払いすぎたことになる。

　オークションでの戦略の分析は、経済学の重要な位置を占めるに至った。重要な疑問が1つある。それは、最も優れた入札戦略とは、という疑問だ。ジェインは入札価格の上限をほんの少し引き下げて、高値づかみする可能性を抑えたほうがよかったのだろうか。それとも、それではオークションで競り負ける恐れがあったのだろうか。疑問はまだあり、オークションに品を出した売り手が収入を最大化するためにはオークションをどんな設計にすればいいか、というのもその1つだ。1990年代にこの問題は注目を浴びた。政府が電波の周波数帯の使用権を携帯電話会社に売却した頃だ。オークション理論で導き出された知見は、売却で得られる収入を最大化するように設計するために使われた。

Chapter 1　市場、効率、公正

037 サーチとマッチング
Searching and matching

　市場の標準モデルでは、価格は需要を供給と一致させるところに決まる。労働市場では、現行の賃金で働きたい人の数は、雇う側が採用したいと思っている人数と一致する。しかし現実には、働く側はすべての求人とその賃金を知ってはいない。求人情報を手に入れるには調査の時間や費用がかかる。働く側はマッチングのいい仕事——自分の好みに合っていて、まあまあの賃金をもらえる仕事——が見つかるまで職探しをする。職探しには費用がかかるから、探すのに使う時間の長さには上限を設け、「十分いい」賃金なら、求人が出ている中で一番賃金が高い仕事ではないかもしれなくても、その仕事をとるのが合理的である。そうした費用がかかるということは、同じ仕事なら賃金も同じ1つに決まるのではなく、むしろ同じ仕事でも賃金には幅ができるということになる。「摩擦的失業」という現象もそれで説明できる。好景気でも失業者がいるのは、単に、働き手が新しい仕事を見つけるには時間がかかるからだ。

Chapter **1**　　市場、效率、公正

038 ゲーム理論と囚人のジレンマ

Game theory and the prisoners' dilemma

　戦略的意思決定を扱う経済学の分野は、ゲーム理論と呼ばれている。おそらく一番よく知られている例は「囚人のジレンマ」だろう。2人の泥棒が捕まり、それぞれ別々に尋問され、お互い相手に不利な証言をするよう促される。彼らはどちらも、2人とも黙秘を続ければ軽い1年の懲役で済むのを知っている。2人のうち1人が相手を裏切り、もう1人が黙秘を続ければ、前者は釈放、後者は20年の懲役を受けることになる。そして2人ともお互いを裏切れば2人とも10年の懲役である。最悪の結果は相手に裏切られることであるのは明らかなので、結局2人とも相手を裏切ってそれぞれ10年の懲役を食らうことになるだろう。合理的に行動することで、彼らは最も望ましい結果、つまり2人とも黙秘を続けるという選択を見逃すことになるのだ。経済学における囚人のジレンマの例にはカルテルが挙げられる。企業の集団が産出量を制限することで同意し、価格を高く保つ。価格が高いなら、それぞれの企業単体では産出量を増やして大きな利益を追加で手にするのが合理的だが、すべての企業がそう行動すれば産出量は跳ね上がって価格は急落するから、カルテルのそもそもの目的が損なわれる。

	囚人1 自白	囚人1 黙秘
囚人2 自白	2人とも10年の懲役	囚人1は20年の懲役、囚人2は釈放
囚人2 黙秘	囚人1は釈放、囚人2は20年の懲役	2人とも1年の懲役

Chapter 1　市場、効率、公正

039 信用できる脅し
credible threats

　少数の企業が競いあい、それぞれの産出量が価格に影響を与える市場はたくさんある。そんな市場で意思決定を行うとき、企業は競合他社の反応を考慮に入れないといけない。だから企業は競合他社を脅すことで彼らの行動に影響を与えようとすることがある。ただ、脅しは本気にされないと効かないものだ。

　セムオールドなる企業があり、セメントを独占的に供給しているとする。同社は産出量を抑えて価格を吊り上げ、巨額の利益を得ている。今、ニューセムという企業がこの市場への参入を検討しており、セムオールドは、そうなれば価格が下がってしまうのを知っている。そこでセムオールドはニューセムが参入してきたら産出量を増やすと脅しをかける。そうなればどちらの企業の業績も打撃を受ける。セムオールドはそれで新規参入を妨げたいと思っているが、ニューセムが参入してしまうとこの脅しを実行するのは合理的でない。だからこの脅しは信用できない。脅しを信用させたいと思うなら、自ら言ったことに賭けてみせないといけない。セムオールドは新しい工場を建設するべく投資を行い、完成したら実際にその新工場で生産するべきだ。そうすれば、ニューセムが参入してきたときに生産を大幅に増やすのが業績を改善できる行動になるかもしれない。

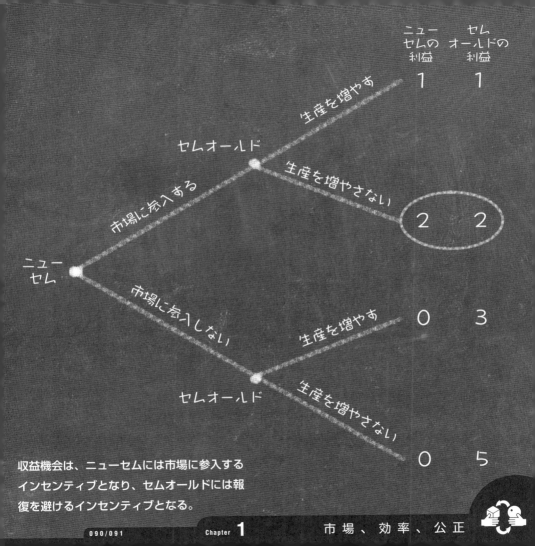

040 行動経済学
behavioural economics

　ともすると経済学者は、消費者や企業は合理的だと考えがちだ。合理的とは、消費者や企業は費用に対する便益を最大化する行動を選択する、ということである。しかし、人々の選択を観察すると、そんな考えは人々の実際の行動からは程遠いのがわかる。行動経済学という新しい流派は、現実の人間のそういう特異な行動を研究している。

　標準経済理論は、たとえば、人々はリスクに対して一貫した態度をとると主張する。往々にして人々はリスク回避的であり、確かで安全な選択と、リスクがあるがもっと儲かる選択では、前者を選ぶ傾向があるという。行動経済学によると、儲かるかもしれないときと損するかもしれないときでは、人は違う行動を示す。儲かるかもしれないときはリスク回避的、損するかもしれないときはリスク愛好的、つまり発生しうる損を避けるためにリスクをとるようなのだ。どうやら人間にとって、ある額を失うことの苦痛は同じ額を得ることの喜びよりも大きいようである。この観察結果は「保有効果」の存在を示唆している。人はショウルームに飾られている車よりすでに自分が持っている車を高く評価するということだ。合理的経済人なら、自分が持っていようがいまいが、車の評価は同じになる。

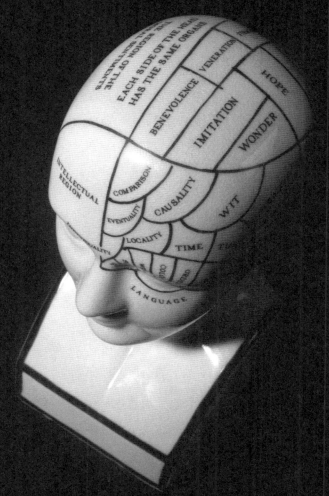

Chapter **1** 市場、効率、公正

041 アレのパラドックス
The Allais paradox

　フランスの経済学者モーリス・アレが自分の名にちなんで名づけたパラドックスがある。経済的行動が合理性という概念に根底から抵触しているというパラドックスだ。マーズ・バーとツイックスを出されたら、サリーはマーズ・バーを選ぶとする。次に彼女は、マーズ・バーとツイックスとスニッカーズを出されたとする。彼女が経済学の言う合理的な人なら、彼女が選ぶのはマーズ・バーか新しく加わった選択肢のスニッカーズのはずだ。選択肢にスニッカーズが加えられても、マーズ・バーのほうがツイックスより好きだという彼女の選好は変わらないはずである。

　経済学者はこの合理性の基準を「推移性」と呼んでいる。しかし、結果が不確実な中で選択を行うもっと複雑な状況では、推移性への抵触がよく起きるのをアレは発見した。つまり、選択肢を増やすと、選択の結果に影響は及ばないはずの場合でも、どういうわけか人々は影響されてしまうのである。アレの発見を受け、経済学者たちは、経済的行動の基礎にある心理的側面をもっと綿密に調べなければならなくなった。

Chapter 2

貨幣と金融

Money and finance

お金と金融のしくみを
理解するための24ワード

042 貨幣の役割
The role of money

　ある人の財産は、家と絵画、株式のポートフォリオ、巨額の銀行預金、それに袋いっぱいの現金からなるとしよう。そんな財産のうち、現金はほんの一部だ。つまり、財やサービスと普通に交換できる財産である貨幣は、ほんの一部である。貨幣は、絵画や家とどこが違うのだろう？ まず、貨幣は交換の媒体である。貨幣を持たない社会は「欲求の二重の一致」と呼ばれる問題に直面する。パンを1斤ほしいと思い、交換用に肉の塊を持っているとする。それなら、パンを持っている人で、同時にたまたま肉がほしいと思っている人を見つけなければならない。貨幣はこの問題を解決する。

　貨幣は価値の尺度でもある。賃金、借金の返済額、小麦やコンピュータの価格など、どれも比較可能な同じ単位で計測される。パン屋がパンを1斤売って1ポンド手にすれば、彼はその貨幣を後で新聞を買うのに遣える。つまり、貨幣は価値の保存手段の役割も果たす。そのせいで、貨幣は現代経済の発生に中心的な役割を果たした。

Chapter 2

貨幣と金融

043 不換貨幣と物品貨幣
Fiat and commodity money

　いわゆる物品貨幣は貨幣としての価値以外に本質的な価値を持つ。金貨など、初期の貨幣はこの類に属する。物品貨幣はコストが高い。物品貨幣を造るには、価値ある原材料を使わなければならないからだ。また、物品貨幣は質の悪化に見舞われやすい。造幣局は貴金属の含有量を減らすインセンティブを持つ。加えて、物品貨幣の流通量は用いられる原材料の入手しやすさに依存する。たとえば、新しく鉱床が見つかれば、経済に貨幣があふれることになる。

　不換貨幣ははもっと洗練された種類の貨幣であり、そういう問題を避けられる。100ドル札や電子的に管理された口座残高は、何の商品にも裏づけられてはいない。それらが貨幣なのは、それらは貨幣だという合意が社会にあるから、それだけだ。責任感ある政府が不換紙幣を適切に管理すれば金融政策が可能になる。つまり、金利やマネーサプライを操作して経済をうまく運営できる（262ページ ㉑金融政策を参照）。しかし、金遣いの荒い政府が貨幣を過剰に発行し、ハイパーインフレーションを引き起こす危険もある（232ページ ⑩ハイパーインフレーションを参照）。

現代経済における貨幣は、本質的には価値のない紙幣である。昔の社会では、貨幣は貴金属で造られていた。

Chapter 2 貨幣と金融

044 マネーサプライ

Money supply

　マネーサプライは、経済内にある貨幣性資産全体の水準である。貨幣の役割を果たす資産にはさまざまなものがあり、だからマネーサプライもさまざまな要素で構成される。そうした要素の定義は、経済学者や統計データを作成する主体によって異なる。

　よく、「狭義」のマネー、「広義」のマネーという表現が用いられることがある。狭義のマネーは主に、紙幣や硬貨といった、最も実態を伴った形のマネーからなる。しかし先進国では、マネーサプライの主な構成要素は銀行口座にある貨幣の残高であり、より広義の定義になると当座預金や普通預金といった銀行預金も含むことがある。金融システムが複雑になるにつれて、マネーに似た資産の選択肢は増えていく。その結果、当局がマネーサプライを厳密に管理するのは難しくなる。マネーの定義の違いが、より狭義のものからより広義のものの順に、M0、M1、M2、M3、M4という記号で表現されることがある。しかしここでも、それぞれの記号が表す内容は、記号を用いる主体によって異なることがある。

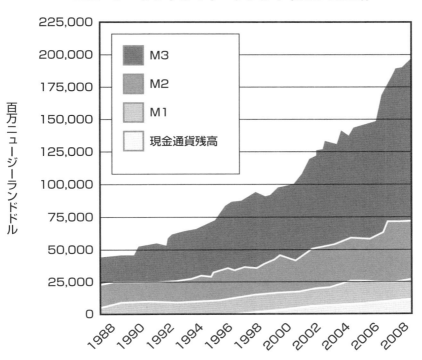

045 貨幣創造
Money creation

　銀行は預かった預金のうち、一部だけを現金の形で保有する。この「部分準備制度」を使って貨幣創造が行われる。銀行が預金を1,000ドル預かったとする。この預金で1,000ドルのマネーサプライが生じている。銀行はこの預金の10分の1だけを現金準備で保有する。つまり、100ドルだけ現金を持ち、900ドルを貸し付ける。預金者の預金残高は1,000ドルで変わらず、しかし借り手は新たに900ドル保有することになる。マネーサプライは元の1,000ドルから900ドル増加している。実質ベースでは経済全体はまったく豊かになってはいない。借り手はいつか900ドル返済しなければならない。しかし、取引に遣えるマネーストックは増加している。借り手が900ドルを遣えばそのお金は別の銀行口座に行きつき、その銀行がまた一部を現金準備で保有して残りを貸し付け……と、同じことが繰り返される。

　10分の1という「預金準備率」は、元の1,000ドルから最終的に10,000ドルのマネーサプライを生み出す。政府は、たとえば金利を変更したり預金準備率を規制したりという形でこの過程に介入し、マネーサプライを管理しようとする。

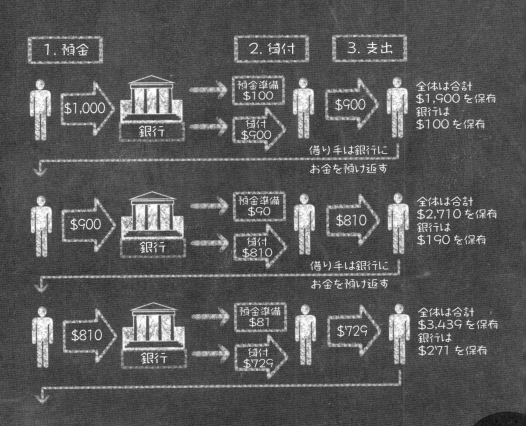

046 貨幣需要
The demand for money

　人々が自分の資産を保有する形は、現金や株式、不動産、その他とさまざまだ。リンゴや住宅の需要と同じように、貨幣の需要を考えることができる。人々が自分の資産を貨幣の形で保有することを選ぶ、つまり貨幣を需要する理由はいくつかある。取引をするため、つまり食べ物を買ったり請求書の支払いをしたりするため、ということがあるし、将来が不確実なせいでいくらになるかわからない支出のために現金を持つこともある。行う取引が増えれば増えるほど人々が需要する貨幣も増える。したがって、経済が成長すれば貨幣需要は増加する傾向がある。

　貨幣、とくに現金には利息が生じない。だから貨幣を持ちつづけると、債券のような金融資産を持てば得られた可能性のある収益を取り逃がすことになる。金利が高いと、貨幣を持つことで取り逃がす収益も大きくなる。だから金利が上昇すると貨幣需要は減少する傾向がある。物価の上昇も貨幣需要を減少させる。貨幣の購買力が低下するからだ。

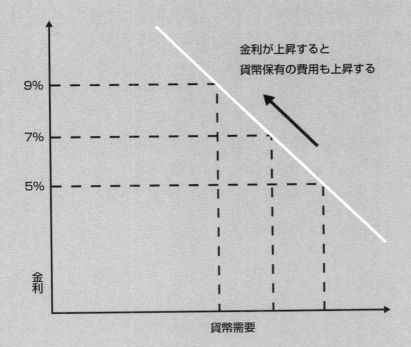

047 金利
Interest rates

利息は、債券などの金融資産を持つ者に支払われる。金利は貨幣の需要と供給で決まる。金利が高ければ、人々は利息を支払う金融資産を購入し、貨幣を持ちたがらない。一方、国民所得が大きければ、取引のために必要な貨幣の額も大きくなる。中央銀行がマネーサプライを一定水準に固定したとする。短期金融市場が落ち着くのは貨幣需要が貨幣供給と一致するときであり、そうなるためには、金利が動いて、人々が保有したい貨幣の額と中央銀行が供給する貨幣の額が一致する水準にたどり着かなければならない。

次に、中央銀行が経済に貨幣をあふれさせたとする。国民所得が変わらなければ、取引のためにそんなに貨幣は必要でない。それまでの金利では人々は増えた分の貨幣を全部持ちたいとは思わない。貨幣を持つ気にさせるには金利は下がらないといけない。それで債券の魅力が下がり、人々が増えた分の貨幣を持つ気になり、市場での需給は再び一致する。

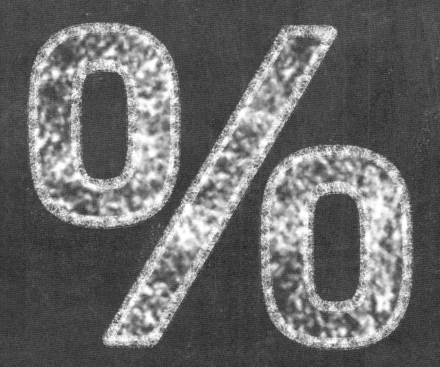

Chapter 2 貨幣と金融

048 通貨発行益
Seigniorage

政府は貨幣の鋳造を独占している。当局が紙幣を印刷するためにかける費用は、紙幣の価値の数分の1だ。貨幣を発行することで政府が得る収入は「通貨発行益」と呼ばれている。税金や借入れとともに、貨幣の発行は国が資金を調達する手段になっている。政府が支出を賄うのに借入れや課税ではなく貨幣の発行を使うとき、通貨発行益が発生する。

しかし、通貨発行益は実のところ一種の税金のような働きをする。貨幣を発行すればマネーサプライが増加し、物価は上昇する。だから通貨発行益は「インフレ税」だと考えることができる。物価が上がれば人々が持つ貨幣の実質価値は下落するからだ。どんな税金もそうであるように、政府は他の人たち皆の負担の下に自分の購買力を高める。通貨発行益は便利な収入源だが、同時に危険でもあって、極端な場合ハイパーインフレーション（232ページ **107** ハイパーインフレーションを参照）に結びつく。

Chapter 2 貨幣と金融

049 貨幣錯覚
Money illusion

　金貨とは違い、現代の貨幣である紙幣や銀行預金には本質的な価値がない。紙幣に10ドルの価値があるのは、社会がそう認めているからだ。紙幣で何が買えるかは価格で決まる。貨幣錯覚が起きるのは、人々が貨幣の名目価値、たとえば紙幣の額面価額である10ドルを、その貨幣を遣って買える財やサービスの量と混同するときである。

　労働者が週に100ドル手にしているとする。これは彼女の名目賃金である。彼女がお金を全部本に費やしていて、本の価格が2倍になれば、彼女の実質賃金は半分になる。しかし、人が実質賃金の変化を見るとき、物価の変化による場合よりも名目賃金の変化による場合のほうに気をとられがちなようである。名目賃金を10％引き下げられたときのほうが、名目賃金は変わらず物価がそれと同じだけ上がったときよりも、抵抗は大きい。一部の経済学者によると、労働者はインフレのときのほうが、そうでないときよりももっと働くという。労働者たちが自分の賃金を実態よりも高いと錯覚するからである。

050 フィッシャー効果
The Fisher effect

　アメリカの経済学者アーヴィング・フィッシャーにちなんで名づけられたフィッシャー効果は、インフレが名目金利、および名目金利と実質金利の差に与える影響について述べている。債券の利回りが年率で10％だとする。この収益が（得たお金でどれだけの財を買えるかで測って）どれだけの価値を持つかは、インフレ率に大きく左右される。インフレ率が年4％なら、実質収益率は6％にすぎない。

　ここから、10％の名目金利は、実質金利とインフレ率に分解できることがわかる。名目金利は実質金利とインフレ率を足したものに等しい。インフレ率が、マネーサプライの増加か何かで1％上昇すれば、名目金利も1％上昇するはずである。金利とインフレ率の傾向を長期にわたって調べると、フィッシャー効果が確認できる。インフレ率が高いときは金利も一緒に高くなっているようだ。

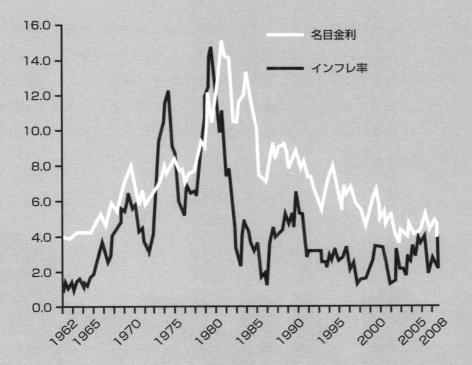

アメリカのインフレ率と金利はフィッシャー効果を裏づけているようだ。

051 銀行と金融仲介
Banks and financial intermediation

　国民所得は、今日消費されるか、将来に収益をもたらす事業に投資されるかのどちらかだ。インフラや工場、技術開発、技能はいずれも成長の原動力であり、だから投資は経済の血液である。そして、だから銀行は——金融を仲介し、貯蓄を投資に結びつける役割を果たす——投資の重要な血脈だ。所得を今日のうちに全部消費しない人は貯蓄をする。お金を銀行に預け、そのお金が、今日投資をするのにお金が必要な人の手に渡る。

銀行はたくさんの人から貯蓄を預かり、それを融資に変換する。預金者も借り手もたくさんいるおかげで銀行はリスクに対応できる。この過程で重要なのは、借り手の金利と預金者の金利のバランスをとることだ。預金者は自分の資金をすぐに引き出したくなるかもしれない。借り手は大規模な投資計画を考えていて長期の融資を求めているかもしれない。さまざまなリスクをうまく管理しないと、金融仲介の仕組みがうまく働かなくなるかもしれない。

052 取り付け騒ぎ
Bank runs

　普通、銀行は預金のほんの数％を現金で持ち、預金者の解約に対し、即座に支払いを行えるようにしている。支払いに充てられる現金をどれだけ持つか、お金を貸して利益をあげることとの間でバランスをとるべく、銀行はよく考えて決めないといけない。取り付け騒ぎは、銀行が預金の解約にもう応じられないと預金者が信じたときに起きる。

　取り付け騒ぎは自分で勝手に勢いを増すもので、自己実現的でさえある。これは銀行が、一定の期間に解約を求めてくる預金者はほんの一握りだという仮定の下に営業しているからだ。預金者が銀行の支払い能力に疑いを持てば、預金者は皆、いっぺんに解約を求めて殺到する。そうなると銀行は解約に応じられない。だからこそ政府の多くが銀行預金を保証している。健全な銀行をつぶす可能性のあるパニックの悪循環を断っておきたいと考えているからだ。

Chapter 2 　貨幣と金融

053 債券

　借り手は銀行などの金融仲介機関を通じて、貯蓄する人からお金を借りることができる。しかし、借り手は債券市場などの金融市場を通じて、貯蓄する人に直接に接触することもできる。メガ食品株式会社は新しい工場を建てようとしているとする。このとき、同社は債券を売り出すことで資金を調達できる。債券は本質的には借用証書だ。ジョンがメガ食品から債券を買えば、それはメガ食品に融資をしたことになる。債券には償還日があり、その日にジョンの貸したお金が返済される。また利率も決まっていて、それが償還日まで支払われる。ジョンは債券を償還日まで持つこともできるし、それより前に売却することもできる。政府も、支出を賄うために債券を発行する。

　債券の償還までの期間はさまざまだ。短期債には数か月で償還されるものがあるし、長期債には何十年も経ってから償還されるものがある。債券にはリスクの高いものもある。発行する企業や政府が返済を行わない可能性が高い債券がそうだ。リスクの高い借り手が債券を発行して資金を調達しようとするなら、金利は高くないといけない。

アメリカの鉄道債(1900年)。

054 リスクとリターン
Risk and return

　リスクとリターンは裏表だ。リスクの高い金融資産や投資は、将来にありうるリターンも高い傾向がある。そしてリスクが低いなら、ありうるリターンもやはり低い可能性が高い。人は、リスクは嫌うが高いリターンは好むので、リスクとリターンにはトレードオフが成り立つ。ありうるリターンを高めるためには、高いリスクをとらなければならない。

　　企業が画期的な新製品の製造を始めるとする。新製品がよく売れてその企業が生き残るかどうか予測するのは難しい。そういうわけで、この企業に貸付をする投資家は高い金利を要求する。新製品が成功して企業が大きな利益をあげれば、株主は大きく儲かるし企業にお金を貸した人たちもたっぷり利息を受け取ることになる。でも逆に、企業は破たんする可能性もあって、そうなれば投資家は損を被ることになる。逆の極端な例として、安全な国債への投資が挙げられる。債務不履行が起きるリスクはとても低く、その代わり利息も小さい。

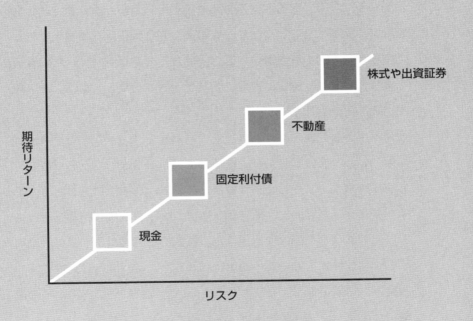

055 株式市場
The stock market

　企業の資金調達の方法には、株式（持分証券）を投資家に直接に販売するやり方がある。企業の持分証券を購入した投資家は、企業を共同で保有することになる。この種の資金調達は、債券を発行して債務を負う形の資金調達とは対照的だ。債券保有者は企業に資金を貸し付けるが、株主は実際に企業を所有することになる。その結果、株式投資は相対的にリスクが高いが、ありうるリターンも高い。企業が大きな利益をあげれば、その一部または全部が株主それぞれに配当として支払われたり、株価が上昇したりする。どちらにしても株主は潤う。しかし企業が破たんすれば、株主は投資した資金をすべて失う。対照的に、債券保有者は、企業の株価が跳ね上がっても一定額の利息を受け取るだけだ。株式の取引はロンドン証券取引所のような株式市場で集中的に行われる。企業が発行した株式を、投資家は市場で取引することができる。企業の株価はその企業の業績で上下する。株価は経済全体の状態にも左右される。

Chapter 2 　貨幣と金融

056 資本資産価格モデル（CAPM）
The capital asset pricing model

　資本資産価格モデル（CAPM、キャップエムと読む）は、投資に期待できるリターンをリスクに基づいて計算する方法である。資産に伴うリスクは2種類ある。固有リスクとシステマティック・リスクだ。固有リスクは特定の投資だけを左右する。たとえば製薬会社の株価は、主力製品が有害であるのが発見されれば暴落するだろう。この種のリスクは、多数の企業に分散投資すれば相殺することができる。システマティック・リスクは市場全体を左右するリスク（たとえば経済全体が不況に陥ってすべての株価が下落する）であり、分散投資では相殺できない。

　おおまかに言うと、CAPMは、資産の期待リターンは株式市場全体の期待リターンに基づいて決まると述べている。資産の中には市場全体にとても近い動きをするものがある。そういう資産のシステマティック・リスクは高い。システマティック・リスクは分散投資では相殺できないから期待リターンも高くなる。資産の中にはシステマティック・リスクが低いものもあり、そうした資産の期待リターンは通常低くなる。

期待リターン

CAPMによれば、
システマティック・リスクが高ければ
期待リターンも高い

システマティック・リスク

057 イールドカーブ
The yield curve

　互いに異なる残存期間を持つさまざまな債券の利回りを並べてできるグラフを見ると、短期金利と長期金利の関係がわかる。このグラフを「イールドカーブ」と言う。通常、イールドカーブは右上がり、つまり借入れの期間が長いほど利回りも高い。言い換えれば長期金利は短期金利よりも高い。投資家が国債を購入して政府に100ポンド貸し付けたとする。政府は投資家に利息を払い、6か月後に借入れを返済する。借入期間が3年なら、投資家はより高い利息を求めるかもしれない。貸し付ける期間が長ければ長いほど、投資家が負担するリスクはより大きくなる。3年の間には、思ってもみなかったことがいろいろ起こりうるからだ。

　イールドカーブは右下がりになることもある。短期金利が長期金利より高い状態だ。これは投資家たちが、短期金利は将来下落すると予想していることを示す（そうでないなら、投資家たちは長期で借り入れた資金を短期で貸し付けるだろう）。短期金利が下落するという予想は、景気が悪化する兆候である可能性がある。

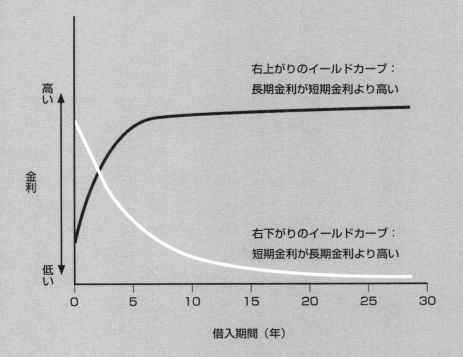

058 金融工学と派生商品
Financial engineering and derivatives

　金融派生商品は何世紀も前から存在する。しかしそれが重要になり、高度化したのはここ数十年のことだ。派生商品とは契約の一種であり、小麦やドルといった原資産を持つ。契約は、たとえば、大麦100トンを6か月後にあらかじめ決めた価格で売ると定めている。こうした契約は、リスクを管理するときにはとくに有効だ。将来の取引価格の不確実性を抑えられるからである。しかし、そんな性質を持つ派生商品は、投機家が利益を追求するのにも使える。大麦100トンを6か月後に1トン当たり100ポンドで買うという契約を結んだとする。6か月後の大麦の価格が実際には120ポンドになったとすると、買った大麦を即座に売ることで1トン当たり20ポンドの利益が得られる。ここ数十年で、さまざまな種類の契約に伴うリスクの価格を求める数理モデルを使い、非常に複雑な派生商品が開発された。近年の経済危機の原因はこうした金融工学だとする人もいる。金融工学のせいでほとんど誰にも理解できないほど複雑な金融商品が開発されたからだ。

Chapter 2 貨幣と金融

059 トービンの Q
Tobin's Q

1968年、経済学者のジェイムズ・トービンとウィリアム・ブレイナードは、投資と株式市場の関係を扱った理論を発表した。トービンは両者の関係を示す指標をつくった。この指標はトービンのQと呼ばれるようになった。

企業が、何らかの新しい資本ストックに投資することを検討しているとする。企業は株式市場（124ページ 055 株式市場を参照）で新株を発行して資金を調達することができる。新たな資本ストックの費用を株価が上回っているなら、企業は投資を行うべきである。株価とは、市場が企業の資本の価値を評価したものだと考えることができるから、株価が追加で必要になる資本の費用に比べて高いなら、企業は投資を行うべきである。トービンのQは企業価値を資本ストックの再調達費用で割ったものである。Qが高いとき、企業は投資を積極的に行うべきである。具体的には、Qが1を上回るなら企業は「割高」である。企業の市場価値は企業資産の再調達費用を上回っているわけだから、もっと資本投下を行うべきだということになる。

$$Qレシオ = \frac{企業の市場価値}{企業の総資産価値}$$

060 効率的市場仮説
The efficient market hypothesis

　市場は効率的だとする主張によると、株式や任意の財の価格は、価格に影響する情報をすべて反映している（126ページ 056 資本資産価格モデルを参照）。効率的市場仮説によれば、投資家が一貫して市場に「勝つ」ことはできない。市場が本当に効率的なら、それこそでたらめに銘柄を選んで投資しても結局同じことだ。投資家は企業の状況を常日頃から観察し、企業の価値を左右しうる情報にはいつも気をつけている。投資家は割安な企業の株を買い、割高な企業の株を売って利益をあげる。市場が効率的なら、株価は需要と供給を一致させるところに決まる。ある価格である株を買いたい投資家たちと、その価格でその株を売りたい投資家たちの需給が、ぴったり一致しなければならない。だから株価は常に企業の価値を示すいい指標である。

　群衆行動によるバブルや暴落など、市場は非効率的に見えることがよくあるという理由で、効率的市場仮説は疑問視されることがある。近年の危機は、市場が常にすべての情報を効率よく織り込んでいるわけではないことを示している。

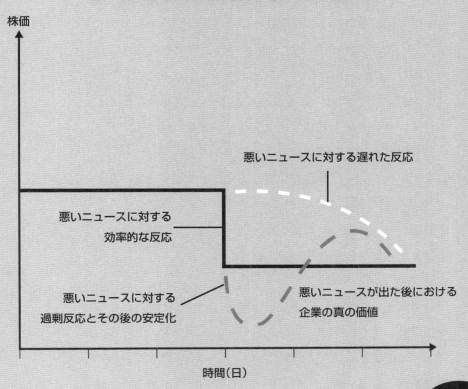

061 金融危機
Financial crises

　金融危機にもいろんな種類がある。最近の世界的な危機では、1960年代にハイマン・ミンスキーが提唱した考え方が久しぶりに脚光を浴びた。ミンスキーによると、安定した経済は必然的に不安定になり危機に至る。経済成長が続くと人々は明るい将来を信じるようになり、資金を借りて住宅その他の投資を行う。借り入れる額はより大きくなり、利息だけを支払っていく。資産の価値は上がると予想するからだ。

　2008年の危機に至る過程で、住宅ローンを裏づけにした証券の市場が発達し、安易な貸し出しが盛んに行われるようになった。その結果、支払いを履行しないリスクが高い大勢の借り手に、住宅ローンの貸付が行われた。明るい未来への信頼が広まり、それに根差した行動で、いつしか経済は不安定になる。その瞬間を「ミンスキー・モーメント」と呼ぶ。アメリカの住宅市場が下落を始めると、返済を行えない借り手が多数発生し、貸し手のもとには巨額の借用証書だけが残り、危機が起きた。

```
┌─────────────────────┐
│   住宅ローンの借り手    │
└─────────────────────┘
   融資 ↑      返済 ↓
┌─────────────────────┐
│   住宅ローン融資会社    │
└─────────────────────┘
        ↓ 債権の売却
┌─────────────────────┐
│    モーゲージ証券      │
└─────────────────────┘
        ↑ 投資
┌─────────────────────┐
│  国際的な銀行や金融機関  │
└─────────────────────┘
```

大元の借り手が破産すると銀行の資産は吹き飛ぶ

2008年の金融危機に至る過程。

貨幣と金融

062 信用収縮
credit crunches

　信用は経済活動を活発にする。企業が工場や新製品の開発に投資するには、資金を借り入れないといけない。個人は家を買うのに資金を借りるし、教育を受けるためにもローンを組んだりする。だから、信用が枯渇すると経済は窒息する。信用収縮が起きると融資の供給は減少する。融資額そのものが減り、加えて融資の条件も厳しくなる。

　　信用収縮はある種の市場の失敗で起きることが多い。たとえば2008年の金融危機の初め、金融機関は、家を買う人たちの信用力をあまり考慮せずに住宅ローンを提供していたことに気づいた。リスクを抑えるべく、金融機関はすぐに借り手への信用の提供を絞った。そうした行動の大部分は、いわゆる「情報の失敗」によるものだ。つまり、銀行のローン・ポートフォリオが持つ真のリスクについて十分な情報がないのが明らかになると、融資の方針が寛大なものからとても保守的なものに変わることがある。

Chapter 2

貨幣と金融

063 金融バブル
Financial bubbles

　株式や不動産などの資産の価値は、まるで泡のようにどんどん膨らむことがある。価格が上がるのには当然の理由がある場合もあるが、バブルの場合、資産の価格は本質的価値よりも高くなる。バブルは経済的非合理性の例だ。人々が資産の本当の価値に基づいて判断を下すのをやめ、ただ群れについて行くようになる。人々が何か――21世紀の初めにはハイテク株、17世紀にはチューリップ――を買うのは、ただ、他の人が買うのを見て、買えば将来もっと高い価格で売れるに違いないと思うからだ。

　当初、彼らの予測は自己実現性を持つ。対象の資産に集まる関心が価格を押し上げ、それでいっそう投資家が参入し、全体が熱狂的に買いに向かう。それで価格はいっそう膨れ上がる。しかしいつしかそんな過程は行き詰まり、市場は暴落する。価格は永久に上がりつづける、人々はそう思っているように見える。少なくとも自分が買った資産を、バブルがはじけるのを予測できない人に、いつか売り払えると信じているようだ。

17世紀にオランダで起きた「チューリップ・バブル」の際、球根1つの価格が大部分の労働者の年収を上回ることもあった。

Chapter 2　貨幣と金融

064 企業の資金調達
Financing firms

　伝統的には、企業は借入れや持分証券（株式）の発行で資金を調達する。モジリアーニ＝ミラーの定理によれば、資金調達の方法は企業の価値に影響しない。どういうことかと言うと、市場が効率的で投資家が合理的なら、重要なのは企業が得る利益だけであり、利益だけが企業の価値を決める。

　この定理を導いた人の1人が、桶いっぱいのミルクを使ってこの定理を説明している。農家は全乳（自己資本だけを使った資金調達、つまり株式の発行にあたる）をそのまま売ることもできるし、代わりに、全乳から乳脂肪を抽出してそれをもっと高い価格で売ることもできる（借入れによる資金調達にあたる）。しかし、全乳から乳脂肪を取り出せば残るのは価値の低い脱脂乳であり、同じように借入れのある企業の株式はそれで魅力が下がるから、結局借入れで獲得した魅力は相殺される。乳脂肪と脱脂乳を分離して売る農家と同じように、企業も負債と自己資本を好きなように組み合わせて資金を調達することができる。

債務 / 自己資本 = 債務 / 自己資本

Chapter 2 貨幣と金融

065 予測
Forecasting

　経済の予測には数理モデルが使われる。モデルはたくさんの数式でできている。式それぞれが経済の一部を表現している。たとえば、金利の変動と企業投資の関係を示す式があるかもしれない。そんな式を全部合わせて、現在の経済の状態から将来の経済に見られる傾向を予測する。

　金融市場にとって予測は重要だ。市場参加者は予測に基づいて投資戦略を立てるかもしれない。予測を行うときに重要なのは、先行指標を使うことである。つまり、経済の幅広い変化の予兆となる傾向を持つ変数だ。たとえば、株式市場の変動は経済全体の行方を予測することが多い。しかし、予測には困難がつきまとう。経済はとても複雑であり、水も漏らさぬ包括的なモデルをつくるのは難しい。単純化のための仮定を立てなければならないし、予測は往々にして間違う。

Chapter 2 貨幣と金融

Chapter 3

企業と産業

Firms and industry

ビジネスで成功を収めるための

22 ワード

066 企業の存在
The existence of firms

　近年、企業が業務の多くを外部に委託するのが流行している。以前は社内で行われていた製品の検査を、独立の研究所に委託することがある。このトレンドが続き、すべての業務が外部に委託されたらどうなるだろう？　そもそも企業はなぜ存在する必要があるのだろう？　経済学者はこの疑問に「取引費用」の概念を使って答えようとしてきた。

　リンゴを買うのは簡単だ。取引にかかわる人たちは、難しい情報を集めたりさまざまな不確実性を考慮したりしなくていい。だから取引費用は小さい。しかし、長期にわたって継続する経済的な関係は他にたくさんあり、それらははるかに複雑で不確実な環境で起きる。そうした関係には高い取引費用が伴う。企業の従業員は複雑な業務を執行する。そうした業務は、時間とともに予測できない形で変わっていく。第三者との契約に、それらをすべて特定して明示的に盛り込むのは不可能だろう。だから生産のある種の部分は、企業の内部に置きつづけるほうが効率的なのかもしれない。

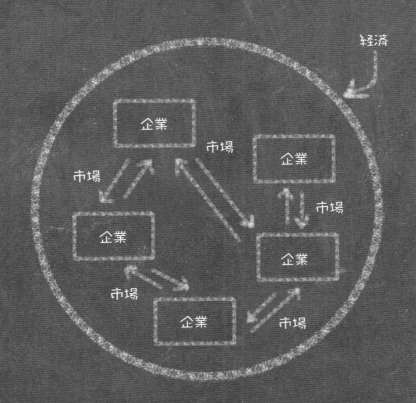

Chapter 3 企業と産業

067 利益最大化
rofit maximization

　経済学者は、企業は利益を最大化するものだと考えている。どれだけ生産するか、どれだけ労働者を雇うか、どこで原材料を買うかといった企業の意思決定は、いずれも利益、つまり総収入と総費用の差を最大化することを目的として行われる。当たり前に思えるかもしれないが、企業の判断を左右しうるのはこの目的だけではない。たとえば、経営者は収入を増やすべく企業規模を拡大しようとするかもしれない。しかしそれで総費用が大きく増加すると、利益は最大化されないかもしれない。

　企業が利益を最大化するべく産出量を決めるとき、彼らは「限界」の計算をする。つまり、もう1単位生産を増やしたときに発生する追加の収入と追加の費用を比較する。アパレル企業がもう1着シャツを生産して得る「限界収入」は10ポンド、一方「限界費用」は7ポンドだとする。このとき企業はシャツをもう1着生産するだろう。収入の増え方のほうが費用の増え方より大きく、それで利益は増えるからだ。企業はシャツをもう1着生産して得られる限界収入が生産にかかる限界費用と等しくなるまで生産を続ける。ちょうどそのときの産出量で利益は最大になる。

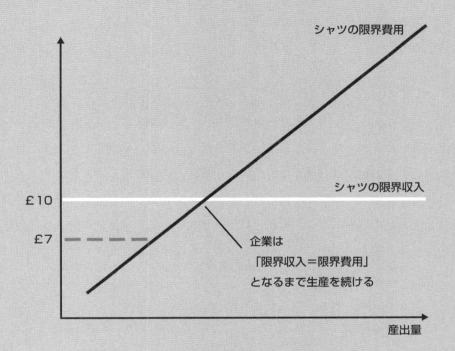

068 企業の所有と経営
Ownership and control of firms

　近年、企業が支払うボーナスや役員報酬をめぐって論争が起き、それが企業をどう経営するべきかという、より幅広い論争を呼んだ。近代的企業が発達するとともに、企業の所有と経営は分離した。企業を所有するのは株主だが、経営するのはプロの経営者だ。そして株主と経営者の利害は、必ずしも一致しない。株主は企業に高い利益をあげてもらいたい。それで自分の富が増えるからだ。一方、雇われ経営者は企業全体の利益にはそれほど関心がなく、むしろ自分の報酬や特権のほうに目が行っているかもしれない。

　その場合、問題は、株主が経営者を監視して企業の価値を高める行動をとらせるためにはどうするのがいいか、ということだ。これはまったく単純な問題ではない。企業を所有するのが小規模な株主多数であり、企業の日々の事業活動について詳しくはほとんど知らないならなおさらだ。株主がとても多いと、物事がまずいほうへ向かうとき、経営陣の行動に組織だって反応するのは難しいかもしれない。

069 公開企業と有限責任
Public companies and limited liability

　公開企業とは、株式を発行し、その株式が市場で自由に取引できる企業だ。公開企業の特徴の1つは有限責任として知られている。この種の企業が破たんすると、債権者は自分の債権を回収しようとする。しかし、企業の所有者それぞれは債権者の損失を自ら被る必要がない。企業に投資した額は、それがどのような額であれ失うことになるが、債権者は彼ら株主の個人資産に対し、権利を主張することはできない。そんなことが可能なのは、法律により、企業は株主とは切り離された権利と義務を負う「法人」として扱われるからだ。

　破たんした企業の株式をいくらか持っていて、しかしその企業の経営状態はほとんど知らなかったとする。法律は有限責任を認めており、企業を破たんに追いやった誤ちのせいで、株主は家を取り上げられたりはせずに済む。そのおかげで、自分がほとんど知らない企業に投資するときのリスクは低くなり、また企業にとっては資金調達の機会が広がる。

Chapter 3 企業と産業

070 生産関数
roduction functions

　経済学は、企業の事業内容に関しては驚くほど何も言っていない。経済学にとって企業とは、一連のインプット——資本、労働、技術——をアウトプットに変換する存在というだけだ。生産関数はそれを数学的に表現したものである。生産関数が表現するのは、織物工場に織機10台と労働者10人を与えれば1日に100メートルの織物を生産する、といった内容である。また、生産関数を見れば、インプットが変化するとどうなるかもわかる。たとえば、この事例ではインプットは一定の割合で投入しなければならない。工場が織機をもう1台設置しても、さらに労働者をもう1人雇って織機を操らせないと生産は増えない。

　生産には他にも、資本と労働を選択できる種類のものがある。農家の人は穀物を10トン生産するのに、トラクターとその運転手数人を雇うこともできるし、働き手をたくさん雇って手作業で仕事をやらせることもできる。さらに、生産関数を見ればインプットを何倍かにするとどうなるかもわかる。インプットが2倍になると、それでアウトプットは2倍を超える増加を示す——たとえば、規模が高まれば分業化もできるから——とき、企業は「規模について収穫逓増」である。

Chapter 3 企業と産業

071 収穫逓減の法則
The law of diminishing returns

　収穫逓減の法則によれば、労働や資本の増加がアウトプットに与える影響は、これらのインプットを増やせば増やすほど小さくなっていく。労働者を1人だけ雇って農場で働かせている農家を考える。働きすぎの労働者は1回の収穫期でキャベツを50玉収穫する。労働者をもう1人雇うと、農家は農場から150玉のキャベツを収穫できるかもしれない。農家は労働者を30人雇い、収穫期ごとに2,000玉のキャベツを収穫できるようになったとする。

　労働者を1人追加で雇うことで、収穫量はどう影響を受けるだろう？　収穫量は増えるかもしれないが、増え方は小さい。労働者を1人から2人に増やしたときの増加である100玉には、その後はとても届かない。労働者が30人になる頃には、農場で働く労働者はずいぶん増えていて、労働者を1人追加で雇うことの影響はずっと小さくなっている。それこそ、たくさん雇いすぎて労働者たちがお互いの邪魔になりはじめる、そんな状況もありうるのだ。この場合、追加で労働者を雇うと収穫量はむしろ減少する。そういうわけで、古い諺にもある通りだ。「船頭多くして船山に上る」

キャベツの収穫量

労働者数

労働者が少ないとき、1人追加で雇うと総収穫量は大きく増える

労働者が多くなると、追加で1人雇っても総収穫量は少ししか増えない

企業と産業

072 平均費用と限界費用
Average versus marginal cost

　経済学で大事なことの1つに、平均量と限界量の区別がある。たとえば平均費用と限界費用だ。家具メーカーがテーブルを100脚つくるのに全部で1,000ポンドのコストがかかるとする。このとき、メーカーにとっての平均費用は10ポンドだ。しかし、さらにもう1脚テーブルをつくるのにかかる費用は10ポンドとは限らない。10ポンドを上回るなら、もう1脚つくることで平均費用は増加するし、下回るなら減少する。これはサッカー選手の平均得点になぞらえることができる。次の試合で平均よりも多くゴールを決めれば平均得点は上昇する。

　産出の限界費用は、産出量が増えれば高まることがよくある。すでに産出量が多いとき、何とかしてもう1単位生産するのはどんどん大変になるからだ。もう1脚テーブルを生産するかどうか判断するとき、企業は平均費用よりも限界費用を見なければならない。限界費用が限界収入を下回るなら、もう1脚生産することで利益が得られる。

限界費用 対 平均費用

限界費用が平均費圧を下回る部分では
平均費用は減少していく。
限界費用が平均費用を上回る部分では
平均費用は増加する。

限界費用

平均費用

産出量

073 規模の経済
Economies of scale

　自動車メーカーが産出量を増やすとき、車1台当たりの平均生産費用はさまざまに変わる。産出量を少ないところから増やしていくと、1台当たりの平均費用は減少する。この現象は「規模の経済」として知られている。どうしてそんなことが起きるのだろう？　車の生産は非常に資本集約的であり、工場や機械に大きな初期投資をしなければならない。車の産出量が増えていくとき、それらの投資にかかる固定費が、より多くの産出量に配分される。また、大きな生産ラインを動かすためには、企業は特定の作業を専門にする労働者を雇わないといけない。それで効率が高まるし、また産出量が大きいときには平均費用が下がる。

　さらに、産出量の増加とともに、生産費用は減るのではなく増える場合もありうる。そういうことは、企業がすでにとてもたくさんの車を生産していて、企業のあちこちの部門間をうまく調整できなくなっているときに起きがちだ。それぞれの部署は他の部署が何をやっているか知らず、無駄な作業をやっているかもしれない。そういう状況では、いわゆる規模の不経済が起こる。

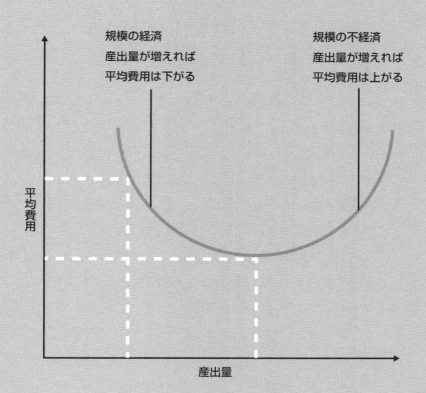

074 埋没費用（サンクコスト）

unk costs

　どんな経済的状況でも、「埋没費用」はたくさんある。つまり、ひとたびかければもう回収できない費用だ。デイヴが芝居のチケットを買ったとする。芝居小屋にたどり着いてみると、やっているのは「マクベス」で、彼の好きな芝居ではなかったとする。払い戻しをするにはもう遅い。でもチケット代に20ポンド払ってしまっているから、彼は芝居を観ることにする。デイヴの20ポンドは埋没費用だ。芝居を観ようが観まいがかかる費用である。それなら彼は、本当は観劇を諦めてそのときにやりたいことをやるべきなのである。仮にそれが、家に帰ってテレビを観ることであっても、だ。

　同じように、企業は今どれだけ供給するかを決めるとき、埋没費用に左右されてはいけない。水泳プールの持ち主も埋没費用を払う。土地やプールの建設にかかる費用などがそうだ。肌寒い日、泳ごうなんて人は一握りしかいないかもしれない。それでもなお、プールは営業するほうがいいかもしれない。費用の大部分は埋没費用だから、プールの持ち主はお客が一握りでも利益をあげられるかもしれない。

Chapter 3

企業と産業

075 分業
Division of labour

　ピンを1人で生産しようとすると、たくさんの作業を身につけないといけない。金属をまっすぐに伸ばし、先っぽをとがらせ、ピンの頭をくっつけ、その他その他。アダム・スミスが気づいたように、そういうやり方では、たぶん1日にそう何本もピンをつくれないだろう。でも、たくさんの人が作業を分担して、それぞれ特定の作業に専念できるとしたら？　それが「分業」だ。1人は金属をまっすぐに伸ばし、別の1人が先っぽをとがらせ、もう1人がピンの頭をくっつける。彼らは自分の作業に熟練し、それぞれの人がそれぞれ作業を全部やるより、ずっとたくさんのピンをつくれるだろう。

　　　　　分業は生産性の向上をもたらす重要な要素だ。市場が拡大し、企業が特定の財の生産に特化するとき、経済の成長をもたらすのは分業だとアダム・スミスは主張した。今日、分業や生産ラインは世界中に広がっている。企業は部品の生産を海外の企業にアウトソーシングしている。

Chapter 3 企業と産業

076 完全競争
Perfect competition

　完全競争市場とは、買い手も売り手も多数いて、彼らの誰も価格を左右できない市場である。この種の市場では、誰もがまったく同じ財、たとえばトウモロコシや塩といった商品を売る。私がトウモロコシをいくらか買ったとして、買い手はとてもたくさんいるので、私の取引は価格に影響を与えない。売り手が価格を引き上げれば、誰もその売り手からは買わなくなるし、買い手が市場よりも安く買おうとしても、売り手は別のお客を見つけるだろう。つまり、買い手も売り手も「プライス・テイカー」である。

　完全競争であるためにはもう1つ大事な条件がある。どんな企業でも、市場に参入して取引を獲得するべく既存の企業と競争できることだ。たとえば、法律による規制や高度な技術など、企業の参入を阻む要素があってはいけない。経済理論によれば、完全競争市場は資源の効率的な利用を促す。しかし、多くの市場には独占や高い参入障壁があり、そんな理想像とは程遠い。

Chapter 3 企業と産業

077 独占
Monopolies

　市場に企業が多数存在するなら、彼らが繰り広げる競争で価格は低く保たれる。ある産業で、価格や利益がとても高かったとする。すると新しい企業が引き寄せられ、市場に参入し、競争で価格は下がるだろう。独占とはそれとは正反対の、1つの企業が市場全体を支配する状況である。

　たとえば高度な技術が必要であったり規制があったりと、他社の参入を妨げる高い障壁が存在するとき、独占が発生しうる。独占企業は市場全体を支配しているから、供給する財の価格や品質を思うがままに設定できる。経済学によれば、独占企業は競争市場に比べて産出量を低く抑える。そのせいで、価格は高くなり利益は大きくなる。経済学者たちは独占に否定的である。競争市場で実現する大きな産出量の下に比べて、消費者が損をするからだ。この見方は、競争政策を行う理由の1つにも使われている。競争政策は、独占の形成を制限するのが目的である。

Chapter 3 企業と産業

078 自然独占
Natural monopolies

　財の中には、供給側が自然と独占になりがちなものがある。産出量が増えるにしたがって平均費用が下がる財が普通はそれに該当する。送電業はそんな自然独占の一例だ。送電網——地下を走るケーブルや鉄塔など——を張り巡らすには膨大な費用がかかる。そんな膨大な初期費用があるために、送電量が増えれば増えるほど平均費用は下がることになる。ということはつまり、1社が1つの送電網を運営しているほうが、2社がそれぞれ自分の送電網を運営しているよりも、費用の面でずっと効率がいいということだ。

　規模の経済を考えると、他社が自ら進んでそんな市場に参入してくる可能性は低いし、独占企業を分割して互いに競争しあう複数の企業をつくり出すのも効率が悪い。その一方で、独占企業は立場を利用して価格を吊り上げるかもしれず、政府は価格を制限するべく大きな役割を果たすことになる。とくに公益産業ではそうだ。その結果、だいたいの政府は、自然独占企業を分割するより規制するほうを選んでいる。

Chapter 3 企業と産業

079 寡占

Oligopolies

　ある市場に多数の企業が存在するとき、競争で価格は抑えられる。一方、独占市場では産出量は低く、価格は高くなりがちだ。しかし2つの状態の間の「寡占」、つまり少数の企業が存在する場合はどうだろう？「完全競争」モデルでは、とてもたくさんの企業が存在するのでどの1社も価格を左右できない。企業は与えられた市場価格に基づいて生産を行い、競合他社のことをあまり気にすることはない。一方、寡占市場の企業間には戦略的な相互作用が働く。各企業の行動が、他社の価格や利益に影響を与える。だから価格や産出量を決めるとき、企業は競合他社がどう反応するかを考えないといけない。

　フランスの経済学者、アントワーヌ・クールノーは、競合する2社が、相手の産出量をできる限り推測し、それに基づいて自分の産出量を決める状況を分析した。彼は、両社を合わせた産出量は独占の場合よりも大きくなるが、完全競争の場合よりも小さくなることを示した。つまり、競争があまりなくても、まったくないよりはましなのである。

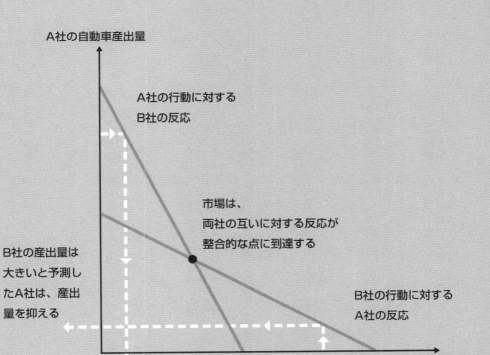

080 独占的競争
Monopolistic competition

　石鹸を売る企業はたくさんある。ブランドはそれぞれ少しずつ違っているが、互いに競争している。これが「独占的競争」の特徴だ。典型的な消費者は、特定のブランドの石鹸を好み、そのブランドなら高めの価格を喜んで払う。そのおかげで、そのブランドのメーカーはある程度の市場支配力を持つ。つまり、メーカーがそのブランドの価格を少しだけ引き上げても、買い手を全部失うことはない。しかし、そんな市場支配力にも間違いなく限界がある。ブランドには何か特別な特徴があるにせよ、他のブランドと競争していることに変わりはない。メーカーが価格をあまり高くしすぎると、買い手は他のブランドの石鹸に乗り換えてしまう。

　このように、独占的競争は独占と競争の特徴を組み合わせたものである。各企業はいくらかの市場支配力を持ち、だから、たくさんの企業がまったく同じ製品を売っている場合のようには価格は安くならない。その一方で、企業は互いに競争しているので、独占企業ほど製品に高い価格はつけられない。そんな市場には製品に多様性が見られ、消費者はそれを歓迎する。

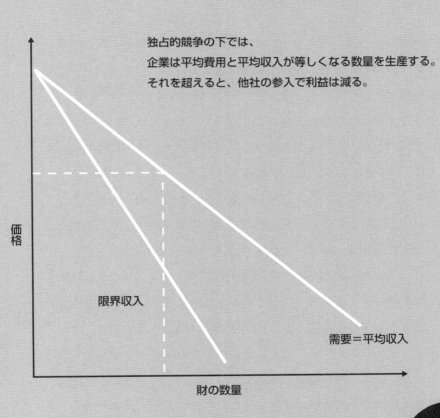

081 カルテル
cartels

競争市場では、企業はより多くの取引を求めて競争し、より安い価格を掲げる。一方、独占市場では産出量はより少なく、独占企業の価格と利益はより大きくなる。では、競合する企業が手を組んで、独占企業のようにふるまえばどうなるだろう？ そんなやり方を「カルテル」と言う。カルテルのメンバーが供給を抑えて価格を高く保てば、メンバーは皆、高い利益をあげられる。多くの国は、そういうやり方を禁じている。しかし、国のレベルではそんなやり方がまかり通っていることがある。石油輸出国機構（OPEC）がその例だ。産油国が1960年代につくった、有名なカルテルである。

カルテルは「集団行動」の問題に行き当たる。OPECが石油の産出量を抑制して価格を吊り上げたとする。すると個別の産油国、たとえばベネズエラには、その高い価格で産出量を増やすインセンティブが生まれる。ベネズエラにそんなインセンティブが与えられるということは、他の産油国も同じということだ。しかし全産油国が産出量を増やせば価格は下がってもともとの目的が損なわれる。このように、カルテルは不安定なものになりがちである。

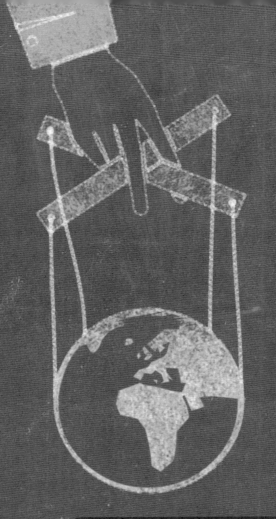

Chapter 3 企業と産業

082 価格差別
Price discrimination

　ある企業が剃刀を3ドルで売っている。消費者にはさまざまな人がいる。剃り味の鋭いのが好きな人は4ドルでも喜んで出す一方、ぎりぎり3ドルまでしか払う気のない人もいる。これら2種類の消費者を区別して、それぞれ違う価格で提供することはできないものだろうか。ツルツルお肌を目指す男の人には4ドル、それ以外の人には3ドルで売れれば、企業は利益を増やせる。

　この種の「価格差別」を実現するのはなかなかに難しい。2つのグループを区別できたとしても、えり好みの少ない人は3ドルで買ってツルツルにしたい男の人に3.99ドルで売ることもできる。だから価格差別を実現するには消費者がどのグループに属するか特定し、かつ、一方のグループが他方のグループに転売しないようにできないといけない。散髪で学生や年金受給者向けに割引価格があるのは、そういう例の1つである。ある種の人に割引が提供されているということは、そういう人は平均よりも払う気になる価格が安いということであり、かつ、散髪は転売できないということを示している。

Chapter 3 企業と産業

083 略奪的価格設定
Predation

　独占企業は市場支配力を持つので望ましくない。価格が吊り上げられるからだ。しかし、市場支配力があれば、価格は安くもできる。そうして起きる「略奪的価格設定」は競争を損なう、独占禁止を司る役所はそうした行為を取り締まるべきだ、という考え方がある。ウィズィー・バス社はロンドンとマンチェスターを結ぶ唯一のバス会社であり、独占を利用して大きな利益をあげているとする。この儲かるチャンスに目をつけたズーム・ルーツ社が、自分もロンドン・マンチェスター間を結ぶバス路線に参入したとする。ウィズィーは運賃を引き下げてそれに対抗し、ズームを市場から追い出そうとする。健全な競争があれば、いずれにせよ運賃は下がる可能性が高い。しかし、ウィズィーは略奪的価格設定の戦略に出て、費用を下回る水準にまで運賃を引き下げたとする。ウィズィーがコスト割れの価格を打ち出すのは、そこで出た損失を、将来、独占によって得られる利益で埋められると予想しているからだ。ウィズィーは、ズームは競争していくためには損を受け入れねばならず、そんなことをするより市場から退出するだろうと踏んでいる。競争的な価格設定と略奪的な価格設定を見分けるのはなかなか難しい。また、略奪的価格設定が成功するのはどんなときかははっきりしない。略奪するはずの側自体、長い間大きな損を出しつづけることになるからだ。

Chapter 3 企業と産業

084 参入障壁と競合可能な市場
Entry barriers and contestable market

　独占企業や一握りの圧倒的な企業が市場を支配するとき、彼らが長期にわたって利益をあげるには、新しい企業が市場に参入し、競争が起きて価格が下がるのを妨げる障壁が必要だ。そうした障壁は、往々にして特殊な生産過程に内包されている。たとえば、莫大な初期投資が必要であり、最初から大量生産を行って初期投資を回収しなければならない、という市場に参入するのは難しい。生産には特殊な技術が必要であり、その技術は特許（186ページ 085 特許を参照）などで保護されている、そんな市場もそうだ。既存の企業が高いブランド力と評価を持っている場合も、新参者が競争していくのは難しいだろう。参入障壁は法規制によるものであることもある。政府が特定の財やサービスを供給する業務を特定の会社1社にだけ認め、独占権を与えることがある。

　参入障壁がなければ企業は市場に容易に参入して競争する。新規参入の脅威があるだけで、既存の企業に競争的な価格を設定させるには十分であることもある。そういう場合、市場は競合可能であると言う。

Chapter 3 企業と産業

085 特許
Patents

　特許は、新しい技術の独占使用権を、その技術を発明した人に与える制度だ。普通、経済学者はこういう独占の状況を悪いものと考える。消費者に高い価格を課すからだ。しかし、経済学的に見て特許には合理性もある。発明には大きな「拡散」効果があるからだ。ある企業が食品を新鮮に保つ新しい梱包技術を発明したとする。他の企業もその技術が利用できるようになり、すぐに同じような方法で梱包するようになる。もともとの発明の恩恵は他の企業にも拡散する。そして、新しい梱包技術が社会全体にもたらす恩恵は、発明した企業にもたらす恩恵よりも大きい。そのことから、発明は社会全体に大きな恩恵をもたらすのに、後押しがないとあまり行われなくなると考えることができる。特許は発明した人に属するものとすることで、企業に発明を行う強いインセンティブを与える。競合する企業が、すぐにその発明を利用したいなら、発明した人に利用料を払わないといけないが、一定期間が過ぎるとタダで使えるようになる。

Chapter 3

企業と産業

086 企業への課税
Taxing corporations

　企業に課税すると言うと、政治家は票が稼げるようだ。重い税金を課すなら、巨大で人でなしの企業に課すほうが、人として家族を支えようと必死に戦う働き手に課すよりも、公平だし辛くもない、そう思える。しかし、一見もっともらしいそんな考えの拠り所である前提は、いつも成り立つとは限らない。こういう考えは、ときどき蔑すんで「税金のハエ取り紙理論」と呼ばれることがある。粘着剤の上にとまったハエのごとく、税金の負担は課されたところがどこだろうとそこに「くっついて離れない」、そんな考えだからだ。

　厳密に言うと、ある企業が税金を払ったとして、それを「本当に」払ったのは誰なのだろう？ 航空会社に課税することを考える。企業は、業績に悪影響を受けるから、航空運賃を引き上げるかもしれない。それだと、結局税金を負担しているのは消費者ということになる。課税によって、投資から得られると期待できる利益が減るから、企業は増便する計画を縮小するかもしれない。フライトの数が減り、航空運賃は上がり、しかも従業員の一部は解雇されるかもしれない。これは1つの例だが、税金の影響はこのように経済のあちこちに波及していくのであり、ありとあらゆる意図せざる結果をもたらす。

```
政府が航空会社に課税  ←  解雇された従業員が
                        失業保険の給付を申請
        ↓                        ↑
   航空運賃値上げ              投資の減少
        ↓                        ↑
 消費者が税金を負担、    →    企業業績の悪化
   しかし空路の
   利用は減少
```

企業と産業

087 広告
Advertising

　広告はどこでも見られる現代経済の特徴だ。ブランドは膨大な数に及び、それぞれが広告を通じて巨大な消費者層に提案される。広告の機能とは何だろう？ 経済学ではだいたい、消費者は必要な情報をすべて持っていると仮定している。でも現実には、財の価格や特徴の違い、それこそどこへ行けば手に入るかまで、教えてやらないと消費者にはわからない。広告はそんな情報を提供する。消費者がよくわかったうえで判断を下すとき、市場はうまく機能する。つまり、企業は競争にさらされ、価格は低く保たれる。

　もちろん、現代の広告にははっきりした情報なんてほとんど伝えないものがたくさんある。そんな広告でも、間接的に消費者に伝えている情報がある。さまざまなブランドの品質がよくわからないとき、巨額の広告費を費やせば、企業が自分のブランドの製品に自信を持っていると消費者にシグナルを送ることができる。広告を批判する人の多くは、広告はただ、市場に新たな欲求をつくリ出すだけだと主張する。そればかりか、特定のブランドへのこだわりを煽れば競争が損なわれるかもしれない。消費者がブランドを乗リ換えたがらなくなるからである。

Chapter 3 企業と産業

Chapter 4

所得、失業、インフレ

Income, unemployment and inflation

国の経済力を把握するための

32ワード

088 GDPとその要素
GDP and its components

　国内総生産（GDP）は、国の所得を測る重要な指標だ。GDPは一定の期間に国内で生産されたすべての財やサービスの価値を合計したものである。全体でのGDPが大きい国でも、人口がとても多ければ貧しい国とみなされることもある。だから生活水準を示す指標としては、1人当たりのGDP（GDPを人口で割ったもの）が重要だ。この指標は、大まかに、個人が消費した財やサービスの量を示す。

　GDPはさまざまな支出に分割される。消費、投資、それに政府が購入した財やサービスなどだ。取引では、必ず買い手が売り手にお金を払っている。だからGDPはいくつかの所得にも分割できる。企業が財やサービスを生産するときに支払われる所得で、賃金や利益がそうだ。経済学者は、GDPを絶対水準や（国同士の間の）相対水準で見るほかに、成長率、つまり生活水準がどんな速さで上昇しているかも見ている。

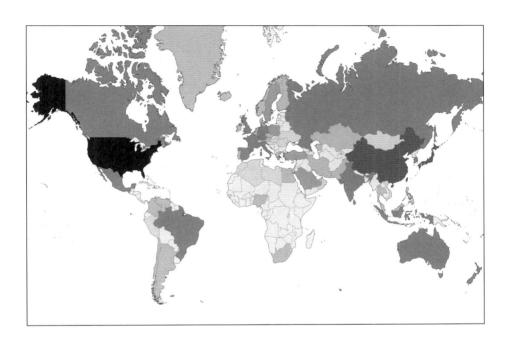

世界各国の名目GDPを示す地図
(単位は10億アメリカドル)

- 10,000超
- 5,000–10,000
- 2,000–5,000
- 1,000–2,000
- 500–1,000
- 200–500
- 200未満

Chapter 4　所得、失業、インフレ

089 実質 GDP と名目 GDP
Real versus nominal GDP

　ある国の国内総生産（GDP）が1年で10％増加したとする。この国の財やサービスの生産が10％増えたからかもしれない。しかし、財の価値を測るのに使う価格が10％上がったのであり、実は生産はまったく増えていないのかもしれない。だいたいの場合、国民所得の成長は生産の増加と価格の上昇の組み合わせの結果である。「名目GDP」は金額で表現され、物価の変化の影響は調整されない。「実質GDP」は実際に生産された財やサービスを測る。

　GDPが10％増加し、それが純粋に価格の上昇でもたらされたものなら、実質GDPは一定で変化しない。実際に利用可能な財やサービスで測ると、経済は豊かになってはいない。経済学者は、決まった特定の年における価格を使って生産水準を計算するというやり方で実質GDPを測る。そうすれば、GDPの値に価格の変化が与えた影響を取り除ける。

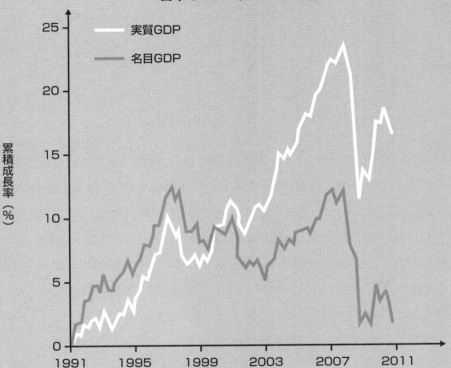

日本のGDP (1991-2011年)

1990年代の日本では物価は生産より速いスピードで上昇した。だから名目GDPの成長は、実質GDPの成長を上回っている。2000年代に入り、価格の上昇は生産の増加を下回った。だから実質GDPの成長は、名目GDPの成長より速い。

Chapter 4　所得、失業、インフレ

090 所得循環
The circular flow of income

　経済は、家計や企業の間を所得と支出が循環していく場と考えることができる。企業や家計は2つの市場で出合う。財の市場と、労働などの生産要素の市場である。財の市場ではお金は家計から企業へと流れる。家計が買い手だからだ。たとえば、ピートがパンに50ペンス遣えば、パンの代金はパン屋さんの収入の一部になる。生産要素の市場では、お金の流れる方向は逆になる。企業が家計から要素を購入するからである。パン屋さんには労働を提供する働き手が必要であり、ピートが払った50ペンスを働き手に払う賃金の一部に充てる。代わりに、賃金はまた別の財を買うのに遣われ、そうやって循環の絵図が完成する。

　経済をそんなふうに考えるのが、国民所得計算の基礎である。国民所得は2つの見方で捉えられる。1つは経済で生産された財の価値の合計、もう1つは経済で誰かが稼いだ所得の合計だ。ここでの単純な例では、所得としては賃金だけを見たが、循環には利益や地代も含まれる。

財やサービス

個人消費

賃金、地代、配当

生産要素

家計

企業

Chapter **4** 　所 得 、 失 業 、 イ ン フ レ

091 投資
Investment

　経済学者が投資と言うとき、彼らが言っているのは、経済が将来もっと財を生産できるように資本にお金を遣うことだ。資本には機械やインフラが含まれるが、教育を通じて技能を身につけることや、研究開発で知識を増やすことも含まれる。投資は経済成長の礎だ。生産能力を高めてはじめて、経済は成長する。しかし、望ましい投資の水準は一見して思うより複雑だ。投資は成長を促進するが、同時に、今日の消費は減少する。

　投資はありとあらゆる変数に左右される。通常は貯蓄されたお金を借りて行われるので、金利は重要な要因だ。金利が高いとき、利息を払ってさらに利益をあげるためには投資の収益率は高くないといけない。だから投資計画の一部は経済的に実行可能ではなくなる。金利が低いとき、実行する価値のある投資計画は増え、投資は促進される。

Chapter 4　所得、失業、インフレ

092 消費
consumption

シャツを買ったり髪を切ったりハンバーガーを食べたりするとき、人は経済が生産したものの一部を消費している。経済学者は消費を個人のレベルで考える。財の価格や人の所得を一定に保ったうえで、その人が何を買うかをどう決めるかを研究する。経済全体のレベルでは、消費は一国の国民所得の中で大きな割合を占めている。

消費水準はどうやって決まるか、さまざまな説明が試みられてきた。イギリスの経済学者ジョン・メイナード・ケインズは、人は所得が増えるとその一部を消費し残りを貯蓄する、また所得がゼロのときも、貯蓄を取り崩すかお金を借りるかして、少しは消費すると考えた。他にも、人が今日の消費と将来の消費をどう選択するかに着目した仮説がある。消費者が将来の予想に基づいて行動する場合、今の所得が高水準だからといって消費も高水準にするとは限らない。所得の増加が一時的なものだと思うなら、彼らは余分に得た所得を困ったときのために貯蓄しておくだろう。

Chapter 4 　所得、失業、インフレ

093 政府支出
overnment spending

　現代の経済では、政府支出はGDPの大きな一部だ。アメリカやイギリスのような市場経済でも、国民所得の40％ほどを占める。歴史的に見ると、経済が発展するにつれ、政府が果たす役割はより複雑に、より幅広くなっている。公教育の範囲は広くなり、政府が提供する公的医療の種類は増え、福祉制度が失業者や不自由な人、高齢者を支えるようになる。

　政府支出には軍隊や病院、図書館、それに教育といった分野での支出も含まれ、それらは皆GDPの要素である。もう1つ、政府支出の大きな割合を占めるのは、年金給付や失業給付だ。経済学者はこの種の給付を「移転支出」と呼ぶ。たとえば看護師のお給料の支払いなどとは違って、移転支出は経済的な生産物と交換に行われるのではない。移転支出は単にある種類の人たちから別の種類の人たちへの購買力の移転であり、だからGDPには含まれない。

Chapter **4** 所得、失業、インフレ

094 総需要と総供給
Aggregate demand and supply

　総需要とは、物価水準と生産物への需要の関係のことである。総供給とは、物価と生産物の供給の関係のことだ。2つを合わせると経済全体での産出量と物価が決まる。物価が安ければ総需要は高くなる。消費者の購買力が高くなるからだ。物価が安く、実質金利が低いと投資が促進される。経済学者の多くが、物価水準は長期的には総供給に影響しないと考えている。生産能力は財をつくるのに使える実際の資本と労働、技術で決まるからだ。短期的には、物価が上がれば供給が促進されるかもしれないが、長くは続かない。

　総需要が示す関係は変化しうる。思いもかけず石油が湧けば、物価がどうなろうと需要は増えるだろう。短期的にはそれで産出量も増えるかもしれない。でも長期的には、総供給は影響されず、残る影響は物価水準の上昇だけである。総供給が物価に影響されないとすると、長期で産出量を増やす方法はただ1つ、投資だけだ。

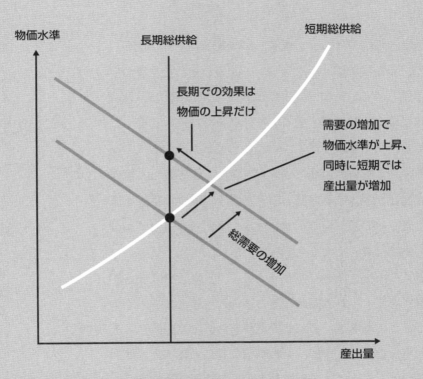

総需要が高まれば短期的には産出量が増加するかもしれないが、先々まで残るのは物価の上昇だけである。

Chapter 4　所得、失業、インフレ

095 好況、不況、恐慌
Boom, bust and depression

　数十年単位で見ると、経済には成長トレンドが見られるが、年単位ではそんなトレンドを中心とした上下の変動が見られる。何年かは成長がトレンドを下回り、別の何年かはトレンドを上回る。その結果、経済は普通、好景気と不景気を繰り返す。いわゆる景気循環の波だ。不景気のことを専門用語では不況と言う。数か月以上続けて産出量が減少する期間を不況と言う。深刻な不況を恐慌と言う。不況が何年にもわたり、産出量が急激に減少し、失業は大きく増える状態だ。

　景気の波はさまざまな形をとる。V字型と呼ばれる波の形があり、これは急激な落ち込みと回復を示す。W字型というのもあり、これは景気が落ち込んで回復し、それからまた落ち込む形、いわゆる「景気の腰折れ」だ。経済学は、景気循環を説明しよう、景気の変動を少しでも和らげよう、とくに恐慌を防止しようと、大変な労力を費やしてきた。

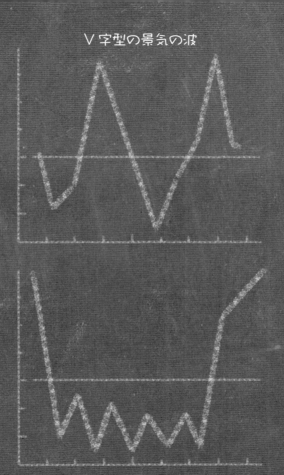

Chapter **4**　所得、失業、インフレ

096 失業とその費用
Unemployment and its costs

　失業率は、おそらく人を一番不安にする経済指標であり、政治的に敏感な経済指標だろう。まず当たり前のこととして、失業は大きな苦しみをもたらす。職を失った人たちは経済的に苦境に立たされ、不幸を味わうことになる。失業は、ほんのいっときのこともある。人々が転職するときがそうだ。長い間職がない人たちが、一番の苦しみを味わう。

　　　　　失業が多いということは、資源が使われずにいるということでもある。恐慌時は、需要の弱さに伴って機械や工場の稼働率も低くなりがちだが、普通、一番関心を呼ぶのは失業である。だから高い失業率が長く続くと、人々が仕事をしていれば生産されたはずの財やサービスが社会から失われる。長い間仕事が見つからない人たちが、身につけた技能が陳腐化したり勤労意欲が衰えたりしていっそう仕事を見つけるのが難しくなるという悪循環に陥ることもある。

Chapter **4** 所得、失業、インフレ

097 自然産出量
The natural rate of output

　政府がよく、短期的に産出量を増やして失業を減らそうと試みることがある。しかし経済学者の多くは、長期的に見ると経済の産出量や失業には「自然な」水準があると考えている。この考えに基づけば、政府が長い間、自然な水準から産出量を高くしたり失業率を低くしたりすることはできず、またそうしているとそのうちインフレが起きることになる。

　財やサービスを生産する経済の能力を左右する要因はいずれも、時間とともにこの自然な水準を変化させる。生産の基本的な要素、労働と資本の供給が増えれば経済の生産能力は高まり、産出量は増加する。労働者の技能が高まればやはり産出量は増加することになる。長い目で見ると、技術革新も経済の自然産出量に大きな影響を与える。市場制度もそうだ。1980年代の経済政策を動かしていたものの1つは、規制を減らせば企業は活動しやすくなるという考えだった。

物価水準　　　自然産出量

自然産出量が増えるのは
技術革新や労働者の技能の上昇が
あったときだけだ

→

物価水準を上げて
も政府は産出量を
増やせない

産出量

Chapter 4　所得、失業、インフレ

098 摩擦的失業と構造的失業
Frictional and structural unemployment

　人が職を失う理由はさまざまだ。経済が恐慌に陥るとたくさんの人が職を失う。しかし、経済が健全なときにも失業はある。いわゆる摩擦的失業がそうだ。これは、人が職場や職種を変えるときに起きる。労働市場は労働者を即座に仕事に結びつけないからで、だからこの種の失業は「摩擦的」と呼ばれている。

　経済は常に動いている。企業は一方で新しい製品を開発し、他方で古い製品の販売をやめる。コンパクト・ディスクが世に出るとカセット・テープはすぐに廃れた。カセット・テープをつくっていた労働者たちは職を失ったが、経済は成長していたから、他の業種、たとえばコンパクト・ディスクをつくる会社で新しい仕事を見つけられただろう。それでも、労働者たちが新しい仕事を探し、見つけるには時間がかかる。職種を移るには長い時間がかかることもある。主要な産業が衰退している地域の労働者は、新しい働き口をなかなか見つけられないことが多い。経済学者はこうした、長く続く失業を構造的失業と呼ぶ。

古い産業が消滅するとき、失業は長く続くことがある。その産業の労働者が新しい仕事に適応できないからだ。

Chapter **4** 　所　得、失　業、イ　ン　フ　レ

099 フィリップス・カーブ
The Phillips curve

　1950年代、ニュージーランド生まれのビル・フィリップスは、インフレ率と失業率には逆相関があるのを発見した。インフレ率が高いとき失業率は低く、インフレ率が低いとき失業率は高い。この関係はこう説明できる。景気がいいときには仕事を得る人が多く、需要は高く、さらにその財やサービスへの需要の高さが物価水準を押し上げる。逆に、失業率が高く、景気が悪いとき、財への需要は弱く、物価は下落する。

　戦後の大部分を通じて、経済学者はフィリップス・カーブの意味を、失業とインフレの間には安定したトレードオフの関係があると解釈していた。財政・金融政策で経済活動をコントロールすれば、政府はフィリップス・カーブの「ここだというポイント」、つまりいくらか低めの失業率といくらか高めのインフレ率を、うまく実現できると考えられていた。

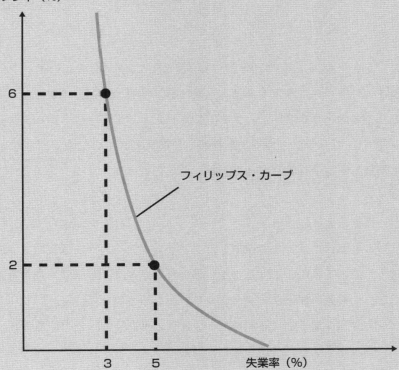

スタグフレーション
Stagflation

スタグフレーションは1970年代の双子の病、つまりしつこいインフレと失業を言い表すのに使われた言葉である。当時、経済学者の大部分はフィリップス・カーブを使ってものを考えていた。つまり高いインフレは低い失業率を伴うものだ(216ページ **099** フィリップス・カーブを参照) と考えられていたのだ。しかし1970年代には失業率とインフレ率が同時に上昇した。これはフィリップス・カーブに矛盾する。

新しい仮説、とくにミルトン・フリードマンが提唱した仮説 (270ページ **125** マネタリズムを参照) は、この現象を、フィリップス・カーブは長期では成り立たないと考えることで説明しようとした。経済学者たちは、政府がお金を遣えば景気が後押しされ、失業率が下がりインフレ率が上がると信じていた。フリードマンは、インフレ率が高くなると、労働者たちは実質賃金が下がったのに気づき、それまでほどには働かなくなると主張した。労働供給は減少し、経済の失業率はもとの水準に戻る。インフレ率は元の水準より高いままだ。この見方によれば、失業率を低く保つためにはさらに高いインフレ率を受け入れなければならない。

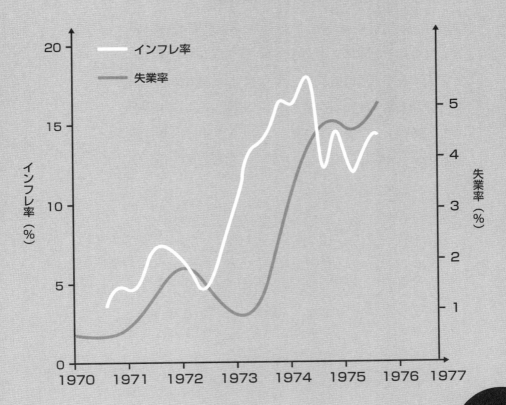

スタグフレーション下では、
失業率とインフレ率が同時に上昇する。
1970年代のオーストラリア経済がそんな状況だった。

Chapter 4　所得、失業、インフレ

101 履歴効果
Hysteresis

　経済学者はよく、自然失業率（212ページ **097** 自然産出量を参照）を軸にものを考える。資本や技術水準などを所与としたときの、長期での産出量の水準に対応した失業率だ。経済はこの自然失業率を軸に変動する。不況時、失業率は一時的に自然失業率を上回り、その後また自然失業率の水準に戻る。自然失業率は安定しており、足許の実際の失業率に左右されない。

　　　　　　　　　だが「履歴効果」が生じると、もうそうは言えない。足許の失業率が長期の自然失業率を押し上げる。失業はもはや、資源が使われず遊休しているという短期的な問題ではない。短期的なら、景気がよくなれば労働者たちはまた雇われる。履歴効果の下では、問題はずっと深刻だ。経済が持つ潜在的な生産能力を損なうからである。履歴効果が生じうる原因の1つは、長い間失業した労働者は、技能もやる気も大幅に下がり、雇えるような人材ではなくなってしまうからだ。

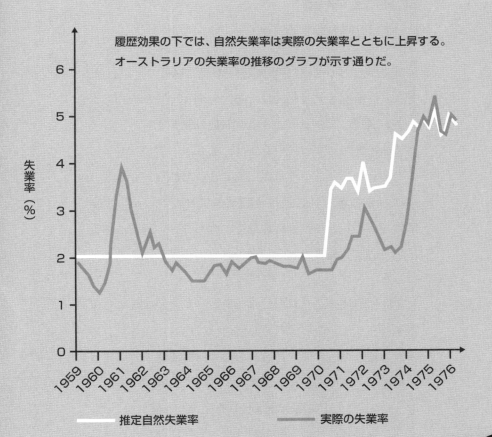

102 流動性の罠
Liquidity trap

　経済学者の中には、国は流動性の罠に陥ることがあり、そのとき金融政策は無効になる、と考えている人たちがいる。普通、不景気のときは、政府は景気を押し上げるべく金利を引き下げ投資を促す。しかし、金利がすでにとても低いと、もうそれ以上引き下げられないかもしれない。その場合、拡張的金融政策（262ページ **121** 金融政策を参照）は景気回復の助けにならない。貨幣は単純に現金のまま保有される。融資されて投資に回されたりはしない。

　流動性の罠かもしれない例の1つに、1990年代の日本が挙げられる。金利は低く、経済は停滞した。また、ここ数年続く不況の間、先進国の多くは流動性の罠に陥っているとの主張もある。流動性の罠を脱する方法の1つは、インフレだ。名目金利はゼロを大きく下回れないが、インフレを起こせば実質金利はマイナスになれる。それで投資が促進され、景気を後押しできる可能性がある。

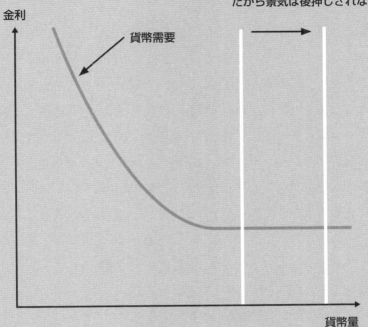

103 インフレのメリットとデメリット
The costs and benefits of inflation

物価と所得がすべて3％上昇すれば、誰も損はしない。なのにどうして人は、インフレは悪いと言うのだろう？ インフレは貨幣の価値を下げる。だからインフレのコストの1つは、人が現金を持たなくなり、頻繁に銀行へお金をおろしに行かないといけなくなることだ。企業も、製品の値札をたびたび書き換える羽目になる。企業がそれぞれ違うタイミングで値札を書き換えれば、相対価格が変わる。市場は相対価格に反応するから、インフレは市場を歪め、効率を損なう。

インフレの大きなコストにはもう1つ、不確実性がある。インフレ率は高くなるとき同時に変動も大きくなる傾向がある。そのため、投資計画はとても立てにくくなる。インフレ率が低いときにはそういうコストは小さく安定しているかもしれない。しかしハイパーインフレーション（232ページ **107** ハイパーインフレーションを参照）が起きると経済を躓かせることがある。

しかし、インフレは経済が健全に成長してる証かもしれない。また、経済が不況から立ち直る過程で、よく起こることの1つでもある。インフレは実質金利や実質賃金を引き下げるから、企業の投資を促進したり労働需要を高めたりする効果がある。

2008年頃、ジンバブエを危機的なインフレが襲った。
月次のインフレ率は一時800億%に達し、そのうち同国の通貨は廃止に追い込まれた。

Chapter 4 　所得、失業、インフレ

104 デマンド・プル・インフレとコスト・プッシュ・インフレ
Demand-pull and cost-push inflation

　インフレは、総需要の水準（デマンド・プル）か総供給の水準（コスト・プッシュ）のどちらかが原因だと言われることが多い。経済がフル稼働に近い状態であり、そこで財の需要が増加したとする。追加の需要を起こしたのは消費者かもしれないし、もう少しお金を遣いたくなった政府かもしれないし、外国の住人がその国から何か輸入しようとしたのかもしれない。短期的には、経済はあまり新しい財を生産できない。だから足りない財を有り余ったお金が追い求めることになり、その結果物価は上昇する。

　インフレの原因にはもう1つ、経済の供給能力が損なわれる場合が考えられる。企業が生産に使う原材料や労働力にかかる費用が上昇するときがこれに該当する。新たな産出量の水準では企業はそれまでの利益を保てないから、製品の価格を引き上げて、費用の増加を移転しようとする。1970年代のインフレは、オイル・ショックによるコストの上昇が原因の1つだったと考えられている。

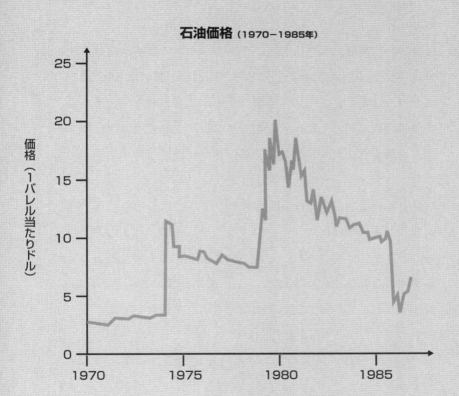

105 生計費
The cost of living

　ココアの収穫量が落ち込むと、チョコレートの価格は自然と上がる。稼いだお金の大部分をチョコレートに遣う消費者ならともかく、それだけでは全体としての生計費はそんなに変わらない。それに、他の財の価格は下がっているかもしれない。生計費全体が上昇するのは、消費者が購入する財の多くの価格が同時に上昇する場合である。ちょうどインフレのときがそうだ。

　消費者物価指数は、それを捕捉する方法の1つだ。まず、「典型的」な消費者が購入する財——リンゴ、シャツ、電気、バスの運賃など——のバスケットをつくり、そのバスケットをまるごと買うのにかかる費用を計算する。このバスケットの費用を異なる時点で観察し、比較することで生計費の変化を追跡できる。生計費を計測するのが難しいのは、1つには、典型的な財のバスケットが時間とともに変わっていくからだ。1850年、バスケットにはランプ用オイルとろうそくが入っていたが、1980年には電気とテレビがそれにとって代わっている。

1980年 10.00ドル　　2010年 30.00ドル

Chapter 4　所得、失業、インフレ

106 貨幣数量説
The quantity theory of money

 ある日、すべての人が現金で10,000ドルもらったとしよう。皆、店に駆け込んで、このたなぼたで得たお金を散財しようとする。でも売られている財は前の日から変わっていない。そんなたなぼたがもたらすものの1つは、財の価格の上昇だ。限られた供給をたくさんの人が追いかけるからである。貨幣数量説の下敷きになっている考えを直感的に描くと、そういうことになる。貨幣数量説は、一番単純な形で表現すると、マネーサプライが倍になれば物価水準も倍になるということだ。

 この仮説から言えることの1つは、マネーサプライの変化は実物経済に何の影響も与えない、である。現実には、貨幣が経済に与える影響は、この仮説の主張よりずっと複雑である。マネーサプライの増加は、実物経済での産出量に影響を与えると言う人もいる。とくに短期ではそうだと彼らは主張する。それでも、貨幣数量説は経済の実質変数——実際の財やサービス——と、名目変数——こちらはお金で測られる——とを区別して考えるときに便利だ。

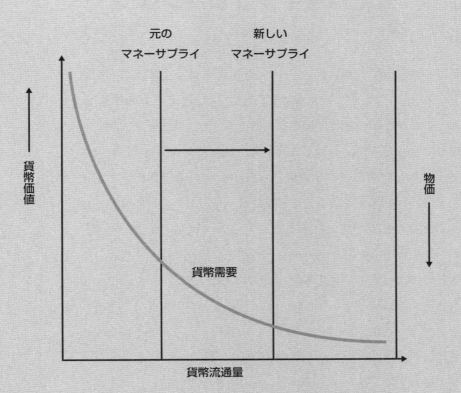

物価が高いとき、財を買うのにたくさんお金がいる。
マネーサプライが増加すると貨幣価値は下がり物価は上がる。

107 ハイパーインフレーション
Hyperinflation

　ハイパーインフレは、月次で50％を超える物価上昇率と定義されている。インフレがこの水準になると、経済がまるごと崩壊する。ハイパーインフレの症状が起きるのは、政府が大量に貨幣を発行して自分で遣うからだ。そして政府がそんなことをするのは、往々にして、膨大な財政赤字や政府債務（284ページ **132** 財政赤字と財政黒字を参照）を抱えて経済的に苦境に陥っており、もはや増税も借入れもほとんどできないときである。1920年代にドイツでハイパーインフレが起きたときは、まさしくそんな状況だった。

　通常の経済状態でも、貨幣創造は政府の収入源の1つだ。それで起きるインフレは「インフレ税」のようなものだと考えることができる。ハイパーインフレの下では、この過程が大きく速く展開し、貨幣という仕組みそのものが壊れてしまう。貨幣はとても速いスピードで価値を失うから、人は手にしたお金をすぐに遣い、自分の財産をモノや外国の通貨で保有しようとする。荷車いっぱいにお札を積んで店へ買い物に来た人たちの写真は、ハイパーインフレが経済を崩壊させるのを象徴的に描き出している。

1930年代初めのハイパーインフレによる危機で、
ドイツは額面が1千万マルクの紙幣を発行する羽目になった。

所得、失業、インフレ

108 合理的期待
rational expectations

　ここ数十年、経済学者たちは、買い手と売り手が将来について期待をどう形づくるのかに関心を持っている。どんな住宅ローンを組もうか決めるとき、大学へ行こうか考えるとき、新しい工場をどこに立てるか検討するとき、これから経済がどうなるか、何らかの考えは持つ必要がある。金利が上がると思うなら、今は固定金利で住宅ローンを組むのが理に適う。

　人はそういう「期待」をどう形成するのだろう？ おおざっぱな経験則を使うこともあるかもしれない。たとえば、今年のインフレ率を来年のインフレ率の目安にする、といったように。「合理的期待」仮説によれば、人はそれよりずっと洗練されたやり方をする。手に入りうるすべての情報に基づき、経済の正しいモデルを使って、経済変数の動きを予測するという。そうしないと、最適な意思決定にはならない。合理的期待仮説が寄って立つ仮定が、政府の行う政策について意味するものは大変に奥深い。しかし同時に、人がそこまで厳密な予測を本当に立てられるのかについては、多くの疑問が投げかけられている。

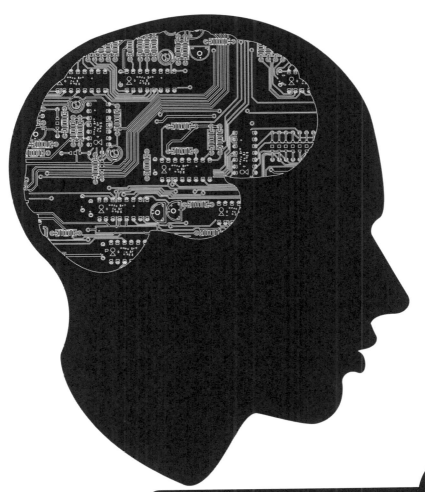

Chapter 4 所得、失業、インフレ

109 ライフサイクルと恒常所得
The life cycle and permanent income

　人が合理的なら、毎月の所得と、加えて、残りの人生すべてにわたる資金の出入りすべてに基づいて、それぞれの月にどれだけ貯蓄し、どれだけ支出するか判断することになる。「ライフサイクル仮説」によれば、人は長期にわたって支出があまり変わらないように行動する。つまり、借入れや貯蓄をして消費を平準化する。若いとき、人は所得の一部を貯蓄し、年老いたときのために備える。年老いたら、その貯蓄で消費を賄う。

　関連する概念に「恒常所得」がある。これは、人の資産と技能などに基づいて決まる期待生涯所得だ。あぶく銭を手にした人は、そんな稼ぎはいっときのものであり、恒常的に所得が増えたわけではないと認識する。だからその人は消費を増やさず、一時的に増えた所得を貯蓄する。同じように、一時的に所得が減った場合、人はお金を借りたり貯蓄を取り崩したりして対応する。この仮説では、人が消費を増やしたり減らしたりするのは、長期的な恒常所得が変化したときだけである。

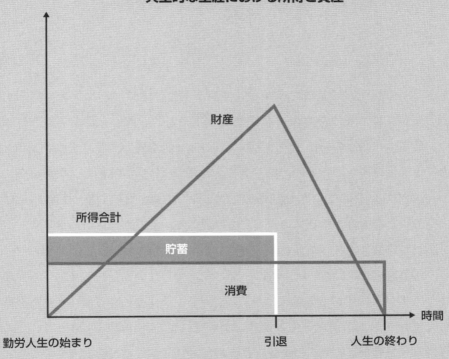

110 ケインジアン乗数
The Keynesian multiplier

　メアリーは誕生日に叔母さんから20ポンド貰う。メアリーはそれで植木を新しく買って庭に植える。植木屋さんは得た20ポンドの収入の一部を店員のお給料に使い、店員はお給料の一部を使ってサンドウィッチを買う。サンドウィッチを売ったカフェは受け取ったお金の一部でトマトを買う。経済に拡散していくうちに、メアリーの20ポンドはたくさんの財に使われる。彼女が最初に買った植木だけでなく、いろいろな財やサービスの需要を呼び起こす。それがジョン・メイナード・ケインズが「乗数」と呼ぶ概念だ。

　個人も企業も、だいたいは所得の一部しか消費しない。だからメアリーが使った20ポンドの効果はそのうち消えていく。しかし、消えてしまう前に、経済全体で、たとえば40ポンドの消費を生み出す。ケインズがとくに興味を持っていたのは、政府がお金を遣うことでこの乗数をどう利用できるかだ。自ら支出をすることで、政府は一連の消費を誘発し、自ら遣ったお金を大きく上回る影響を経済全体に及ぼすことができると考えた。

```
         10ポンド
        植木屋さんが
        お給料を払う
                              店員がサンド
  メアリーが                    ウィッチを
  植木を買う                      買う

20ポンド                         5ポンド
         支出合計
       20ポンド+10ポンド
       +5ポンド+3ポンド+…

       カフェが              3ポンド
      トマトを買う
```

238/239　　Chapter 4　　所得、失業、インフレ

111 ビルトイン・スタビライザー
Automatic stabilizers

　ときどき、政府は景気の変動を和らげようと、自分の支出や税金を能動的に調整することがある。加えて、政府支出や徴税の構造が「自動的に働く」安定装置の役割を果たし、政府が能動的に介入しなくても景気の変動を和らげる働きをする。

　景気が悪いとき、経済活動は停滞する。所得は減少し、政府の税収も減る。とくに所得税による税収は、往々にして急速に減少する。所得が高いと税率も高いから、実際の所得が減少すれば平均税率は下がるからだ。勤労者が解雇されると政府は失業保険の給付を行い、その分支出が増える。税率の低下と負担の増加が合わさり、支出の増加と税金の減少が自動的に起き、景気を後押しし、それで不況が和らげられる。逆に、景気がよくなると所得は増加し、政府の税収は増える。同時に、失業給付は減るから政府支出も減る。この場合、ビルトイン・スタビライザーは先ほどとは逆方向に働く。

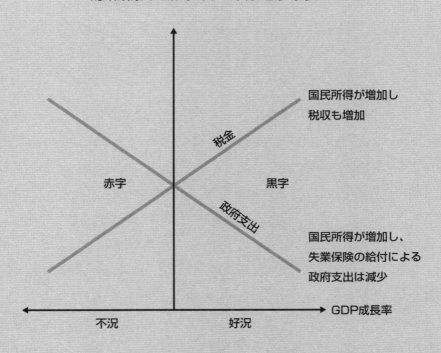

112 リアル・ビジネス・サイクル理論
Real Business Cycle theory

　ほとんどの経済学者は、景気に好不況があるのは市場が不完全なせいだと考えている。ケインジアンは、景気が悪化しても賃金はなかなかそれに合わせて下がらず、そのせいで経済は潜在産出量を実現できず、恒常的な失業が発生すると言う。しかし、経済学者の中には、そんな摩擦を持ち込まずに説明をする人たちがいる。「リアル・ビジネス・サイクル理論」は、すべての市場は完璧に機能している、つまり価格は供給が需要と一致するようにすばやく変化すると仮定する。また、企業や個人は合理的だと仮定する。それなら、経済は常に、利用可能な生産手段が許す長期の産出量水準にあることになる。新しい技術で生産性が上昇したとしよう。産出量と雇用は経済の「実質面」に押されて上昇する。この理論はたいへん巧妙にできているが批判もある。技術革新は長期で起きる現象なのに、数年ごとに浮き沈みする景気が、そんなもので本当に説明できるのだろうか？　また、技術革新は好況を呼ぶかもしれないが、不況が起きるのは技術後退のせいであるようには見えない。

経済の挙動は景気の局面で大きく変わる。
しかし、長期での挙動は普通、
かなり安定した成長トレンドを示す。

所得、失業、インフレ

113 貨幣の中立性
Money neutrality

　経済学と言えばお金と金融の学問、そう思っている人がときどきいる。でも実は、もっと本質的なところでは、「ほんものの」モノ、つまりコンピュータやパイナップル、夜学の授業、心臓手術などの生産や分配を分析するのが経済学の目的だ。経済学者の中には、とくに古典派と呼ばれる流派に属する人たちは、お金は経済の本当の仕組みを覆うヴェールのようなものにすぎないと考えている。

　その路線を進むと、貨幣の中立性という考えにたどり着く。貨幣そのものは実物経済に何ら影響を及ぼさないという考えだ。貨幣の供給が2倍になったとする。その影響は、モノの価格が2倍になる、それだけだ。雇用水準や産出量には何も影響がない（230ページ ❶⓺貨幣数量説を参照）。貨幣の中立性は「古典派の二分法」の土台だ。つまり、経済の実質面と名目（貨幣）面は分離できるという考え方である。対照的に、ケインジアンの理論では貨幣は経済の実物面に影響を及ぼす。ほとんどの経済学者は短期的にはそんな影響がありえて、貨幣の中立性が成り立つのは長期的な話だと考えている。

実物経済 | 貨幣経済

$50,000
£10,000
¥50
€758
₽8,000

Chapter 4 　所得、失業、インフレ

政治的景気循環
The political business cycle

　経済モデルの中には、景気循環を政治的な要因に結びつけるものもある。現代の民主主義の下では、有権者を満足させてはじめて、政権は権力を持ちつづけることができる。だから景気が悪いと、政権は選挙で負けることがある。企業や個人と同じように、政府も合理的で将来を見越した行動をとる。つまり、権力を持ちつづける可能性を最大化するためならどんなことでもするだろう。選挙が近づくと、政府は景気をよくする強いインセンティブを持つ。

　政府は支出を増やすことで景気を後押しできる。病院や学校やインフラの建設にお金を遣うのだ。あるいは、税金を安くして国民の購買力を高めるかもしれない。金利を引き下げて投資を促進するかもしれない。こうした手段は景気を後押しするが、同時に将来に問題を残すかもしれない。インフレや政府の過大な財政赤字がそうだ（284ページ **132** 財政赤字と財政黒字を参照）。ひとたび権力の座を確保すると、政府は逆方向の政策を採用するかもしれない。このように、政府の政治的な目的が景気に循環をもたらしている可能性がある。

Chapter 4　所得、失業、インフレ

115 労働需要
Demand for labour

　アメの価格がそうであるように、賃金も需要と供給で決まる。企業は労働を需要する。ただ、この需要はアメの需要とは少し違っている。労働は最終消費財ではなく生産の要素だ。レストランはシェフを雇って料理をつくらせ、それを売って利益を得る。雇うシェフの人数は、料理がどれだけ儲かるかに左右される。シェフを1人追加で雇えばもっと料理がつくれて、それでレストランの利益は増える。それが労働の限界生産物だ。

　しかし、限界生産物はシェフの数が増えるとともに減っていく。シェフがたくさんいると、もう1人雇っても、シェフが少なかったときほどには生産物は増えない。ではレストランはシェフを何人まで雇うべきだろう？ シェフの賃金が30ポンドで限界生産物が35ポンドなら、もう1人シェフを雇ったほうが儲かるだろう。レストランの利益が最大になるのは、限界生産物が賃金と等しくなるときだ。限界生産物が増加すればレストランのシェフに対する需要は増加する。そんなことが起きるのは、料理の価格が上がったり何らかの技術進歩が実現したりするときだ。

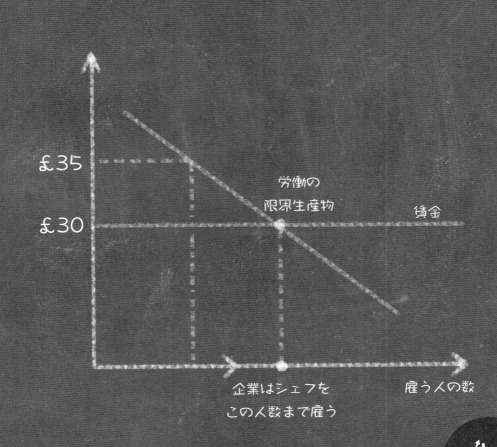

116 効率的賃金
Efficiency wages

　雇い主が従業員全員の仕事をしょっちゅうチェックするのはたいへんで、だから従業員には余裕で仕事をさぼるチャンスがある。効率的賃金仮説は、賃金を増やせば従業員にはさぼらないインセンティブが与えられるという考えに基づいている。それなら企業は従業員の賃金を上げるのがいいかもしれない。それで生産性を上げるよう従業員を促せるからだ。それに高い賃金に誘われて採用面接に来る人も増え、その一方でクビになる人も山ほど出る。高い賃金と、さぼっているところを捕まったらクビになるという恐れで、従業員は真面目に働くようになる。

　高い賃金が従業員の仕事の効率に影響する理由にはもう1つ、それでいいものを食べられるようになる点がある。これは発展途上国ではとくに大事な点だ。さらに、効率的賃金は、賃金率が不況時にも下がらないことが多いという謎への答えを提供しているかもしれない。景気が悪いとき、企業にとって、賃金は高く保っておいて一部の従業員をクビにするほうが、全従業員の賃金を下げるよりも有利かもしれない。

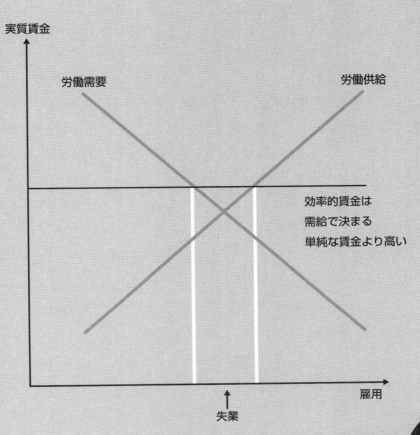

117 賃金と価格の硬直性
Wage and price rigidity

　ケインズ経済学は、賃金や価格は「硬直的」だという考えに基づいている。たとえば、労働需要が減少しても賃金率はいつもそれに合わせて下がるわけではない。そればかりか、不況下では物価が下がるから、実質賃金は実は上がっていたりもする。それで企業の労働需要は減少し、失業が生じる。「ニューケインジアン」の経済学者たちは、賃金と価格のそんな硬直性を説明しようと試みてきた。硬直性が生じる理由の1つは、価格を変えるのには費用がかかることだ。新しいメニューを印刷する費用などがそれにあたる。別の説明として、価格や賃金が変更される時間間隔は固定されており、変更のタイミングは企業間で異なっている、というものもある。あるときある企業が価格の変更を検討していたとする。市場環境はすでに値上げするときだと示している。しかし、競合他社はもっと先にならないと価格を引き上げないとしたら、その企業は競争力を保つために値上げを先延ばしにするかもしれない。この場合、価格の調整はゆっくりとしか進まない。この事例が示すのは、企業も家計も合理的であったとしても、市場は必ずしも円滑に調整されず、それで不況や失業が起きるのではないかということだ。

賃金率は、よく、経済状態の変化に対してゆっくりとしか反応しないことがある。下がるときの調整はとくに緩慢だ。

Chapter 4　所得、失業、インフレ

118 住宅市場
The housing market

　住宅市場の動向を見れば、景気の先行きを占える。好景気で労働市場は活況、人々は明るい未来をそれまで以上に信じ、家を買う。稼ぎも増えて、住宅ローンもちゃんと払えると信じ、同時に、住宅金融業者も融資に積極的になる。そして住宅価格は高騰する。

　逆に、景気が低迷すると人々は自信を失って住宅需要は減少、住宅価格の上昇は止まる。住宅市場に問題が起きたことが、2007年に始まる世界的な経済危機の根源だった。とくにアメリカでは、経済成長と住宅価格の高騰を後押ししていた人々の自信は、ふたを開けてみると実は的外れだった。住宅需要が増加したことで貸し手はいっそう気前がよくなり、住宅価格の高騰が続くことを前提に、利息を払うので精いっぱいの借り手にまで資金が貸し付けられた。そしてバブルがはじけ、住宅市場は危機の源になった。

Chapter 4 　所得、失業、インフレ

119 GDPと幸福
GDP and happiness

国内総生産（GDP）は国の経済的な豊かさを示すものとして最もよく使われる指標だ（194ページ ⑧⑧ GDPとその要素を参照）。しかし、幸せの指標として最も優れた指標がGDPであるかどうか、疑問視する専門家が増えている。1つには、経済がもたらす果実は人々の間でいつも平等に分け与えられるわけではない点がある。しかしもっと本質的なのは、物質的な意味での富は幸せとどれだけ密接に結びついているのかという疑問である。

アメリカの経済学者リチャード・イースタリンは、アンケート調査を使って世界の人々が自分はどれだけ幸せだと答えているかを調べた。すると、所得と幸福度には相関が見られるものの、関係は複雑であることがわかった。最も豊かな国が、必ずしも最も幸せとは限らない。所得が増加している国だからといって、幸福度が高まっているとは必ずしも言えない。ありうる説明の1つに、「幸せのランニング・マシン」説がある。それによると、高い生活水準を手にした人は、それが当たり前と感じるまで心理的な適応を続ける。この新しい考え方でも所得はやはり幸せの重要な要素だが、この考え方に基づいて、所得以外にも期待寿命や健康、教育を考慮したより幅広い幸せの指標が開発された。

ブータンでは、経済発展は国民所得ではなく国民総幸福量で測られる。

Chapter **4**　所 得 、 失 業 、 イ ン フ レ

Chapter 5

経済政策と政府

Economic policy and the government

政治と経済の関係を見極めるための
28ワード

120 安定化政策
stabilization policy

　バイクに乗る人が速度を一定に保とうとするなら、下り坂では足をアクセルから離し、上り坂ではアクセルを踏む。安定化政策は、経済をそれと同じように捉えた見方に基づく。景気が悪くなったとき、政府は貨幣を増発することで産出量や雇用の減少を食い止めることができる。景気がよくなり、経済が加速してインフレが起きると、政府は貨幣を回収してそれを和らげることができる。積極的な安定化政策で景気の山や谷をなだらかにできる。

　財政政策（政府支出と徴税）、それに金融政策（金利とマネーサプライ）を使えば安定化を行うことができる。しかし、安定化政策は批判を受けてきた。そういう政策で経済の産出量が効果的にコントロールできるか疑わしい、また、仮にできたとしても、効果が現れるには時間がかかると考える人もいる。そういう時間的な遅れに、景気予測の信頼性が低いことを合わせると、政策の効果が現れる頃には状況はまったく異なったものになっているかもしれない。

Chapter 5 経済政策と政府

121 金融政策
Monetary policy

　金融政策は、政府が握るマネーサプライのコントロールにかかわる政策だ。貨幣が少なすぎれば経済活動は損なわれ、多すぎればインフレが起こりうる。政府は紙幣を印刷したり、銀行が持つ口座に預金を供給してその一部を銀行が貸し出したりすることで、貨幣を創造することができる。また政府は、銀行が最低で預金の何％を現金で保有しなければならないかを決めることでマネーサプライに影響を与えることができる（104ページ ⓿⓭⓯ 貨幣創造を参照）。その割合を高めれば預金に対して可能な貸付は減少し、そして創造できる貨幣も減少する。

　銀行は、中央銀行から借入れをすることで、自分が持つ預金口座の残高を増やし——そうして貸付に回せる貨幣を増やすことができる。しかし、中央銀行が銀行への貸し出しに課す金利を引き上げればマネーサプライは抑えられる。最後に、政府が広く一般向けに国債を発行すれば経済から貨幣を回収することができる。そして国債を買い戻せば経済にマネーを供給できる。マネーサプライをコントロールするのは難しい。マネーサプライは、政府ではコントロールできない個人や銀行の挙動にも左右されるからだ。

Chapter 5 経済政策と政府

122 量的緩和
Quantitative easing

　金利を操作するのが金融政策の中核だ。不景気のとき、政府はよく、金利を下げて経済を活気づかせようとする。しかし、金利がもうとても低く、それ以上下げられないとしたらどうだろう？ 近年の経済危機の間、一部の国でそんなことが起きた。量的緩和政策（QE）は、マネーサプライを急速に増やして金融緩和を行う代替的な手段だ。

　中央銀行は実質的に現金を増発し、国債や事業債などの金融資産を購入することでそれを経済に注入する。消費者や企業に適用される「小売り」金利が下がり、景気は押し上げられる。QEはもっと伝統的な金融政策である「公開市場操作」の変種だ。公開市場操作では、中央銀行は短期国債を売買する。QEでは、中央銀行は資産をもっと幅広く購入する。QEの第1の目的は金利コストを引き下げることであり、QEは、政府の支出を支えるために現金を増発することとは、区別するべきである。

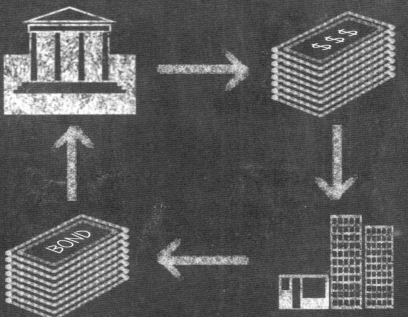

Chapter 5 経済政策と政府

123 財政政策
iscal policy

　財政政策は、政府の支出と徴税を用いる。とくにケインジアンの経済学者は、財政政策で経済が不況から脱するのを手助けできると主張する。政府が支出を増やして税金を減らせば総需要が増加し産出量は増え失業は減る。税金を減らすか支出を増やすかすれば、政府は乗数効果（238ページ 110 ケインジアン乗数を参照）を利用できる。つまり、支出を増やしたり税金を減らしたりすると、需要はそれ以上に増加する。増発された貨幣は、経済の中を流通する間に何度も使われるからだ。

　経済学者の中には財政政策の有効性を疑問視する人もいる。需要を増やしても産出量が増えるかは疑わしいと彼らは考えている。長期ではとくにそうだ。また彼らは、政府支出で増えた需要が民間部門の投資をクラウディング・アウト、つまり押しのけるのではないかとも考えている（276ページ 128 クラウディング・アウトを参照）。需要が高まれば金利が上昇し、それで投資が抑え込まれるからだ。近年の経済危機の後、財政政策が有効かどうかが喫緊の問題になり、またしても論争が起きている。

イギリスの経済学者ジョン・メイナード・ケインズは、景気循環を管理する術として財政政策の使用を提唱した。

Chapter **5** 　経 済 政 策 と 政 府

124 政策の裁量とルール
Policy discretion versus rules

　セイレーンに近づくとき、ユリシーズは部下の船乗りたちに、自分を船のマストに縛りつけろと命じた。ユリシーズはセイレーンの歌声を聞きたかったが、同時に、彼女たちの歌声は人を惑わせるので、自分が舵を握っていては船を陸に向かって走らせ、船は岩に乗り上げてしまうのも知っていた。一番いい手、つまり自分が舵を握り、歌声は安全な距離を保った場所で聞くのは無理なのも彼にはわかっていた。だから、できるのは舵を握らないことだったのだ。

　経済政策も同じジレンマを抱えていると主張する人たちがいる。船の舵を握ったままのユリシーズのように、政府が経済政策について自由に裁量すると自滅することになると彼らは言う。ある年に政府がインフレ率を低く抑えると約束したとしよう。でも翌年には景気を後押しして雇用を増やす誘惑に勝てなくなり、結局インフレ率は上昇してしまう。政府は自分をマストに括りつけ、何があろうと決まったルールに基づいて政策を実行することに全力を尽くすべきだと言う人もいる。そうする方法の1つに、経済政策の舵を、たとえば独立した中央銀行に任せるやり方がある。

Chapter 5　経済政策と政府

125 マネタリズム
Monetarism

　マネタリズムは、マネーサプライを重視する経済学の学派だ。アメリカの経済学者ミルトン・フリードマン（右ページの写真参照）に率いられたマネタリストたちは、マネーサプライと産出量の間には、短期的には関係があるが、長期的にはマネーサプライの増加がもたらすのは物価の上昇だけだと言う。能動的な金融政策を通じて景気を——たとえば不況のときにはマネーサプライを増やして——うまく管理しようとしても無益だ。短期的には何らかの効果が見られても、さまざまな景気指標の間にはタイム・ラグがあって、政府ではうまく舵取りできず、長期的には物価が上がるだけだ。マネタリズムによれば、政府は景気の変動に応じてマネーサプライをもてあそぶのをやめて、マネーサプライの伸び率を経済状態がどうだろうと決めた水準に保つことに注力するべきだ。このやり方は1980年代に一時期試みられた。しかし結局のところ、政府がマネーサプライをそんなふうに厳密にコントロールするのはとても難しいことがわかった。

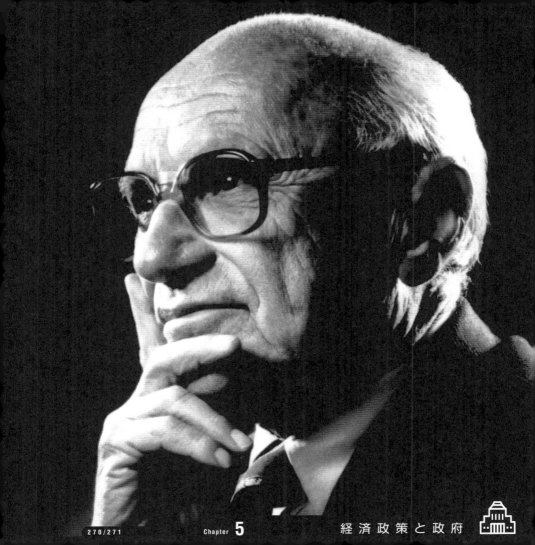

Chapter 5 経済政策と政府

126 インフレーション・ターゲティング
Inflation targeting

　1980年代には、マネーサプライの成長率に目標を設定し、それを礎に金融政策を行う国が多かった。ただ、この目標を達成するのは難しかった。なぜそんな目標を設定していたかと言うと、まず、インフレ率を適切な水準で安定させるためだ。それなら、インフレ率を直接の目標にしたらいいのでは？ アメリカの経済学者ジョン・テイラーは、インフレ率を目標として、経済状態に応じて中央銀行が金利を調整するルールを提唱した。

　インフレ率の目標が3％だとする。このルールでは、実際のインフレ率が3％を超えたら金利を引き上げることになる。それで景気の熱は収まりインフレ率は目標に近づく。またこのルールでは、失業率が長期の「自然失業率」を下回っているときにも金利を引き上げないといけない。上回っているときは金利を引き下げる。ここ数十年の間に、このテイラー・ルールに沿った政策を導入した中央銀行は多い。経済学者の中には、2007年に経済危機が起きるまで続いた、比較的安定したインフレ率の低い経済環境が実現したのはそんな政策のおかげだと考える人もいる。

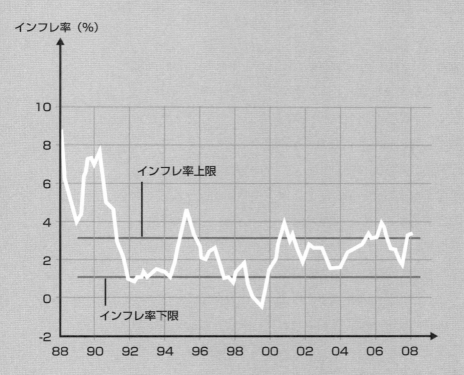

ニュージーランドでのインフレーション・ターゲティング (1988–2008年)

多くの場合、インフレ率を上限と下限の間に保つことを目標に政策が実行される。

Chapter 5 経済政策と政府

127 ルーカス批判
The Lucas critique

　1970年代、アメリカの経済学者ロバート・ルーカスは標準的な経済政策を批判した。これはルーカス批判と呼ばれて知られるようになり、「合理的期待」（234ページ **108** を参照）を経済学に導入した考え方の一端を担うことになる。ルーカスは、政策は変数間に安定した関係があると仮定してつくられることを指摘している。たとえば、失業率が低ければインフレ率は高くなるという関係だ。ルーカスは、政策の前提となる関係を政策そのものが変えてしまうと主張した。人は合理的期待を持つので、政策の影響を正確に予測し、自分の行動をそれに合わせて調整するからだ。そのせいで、政策のもともとの目的が往々にして損なわれてしまう。たとえば、政府が雇用を促進しようとすると、人々はその結果インフレ率が上昇して実質賃金が下落するのに気づく。だから彼らは仕事を増やす気をなくす。ルーカス批判は根本的な批判だが、合理的期待仮説が成り立つかどうかに強く依存していて、一部の人たちはその点を理由に疑問視している。

政策

元の政策はもう思った通りに機能しない

政策は経済の仕組みを変える

Chapter 5 　経済政策と政府

128 クラウディング・アウト
crowding out

　不況に政府が打つ手の1つは、もっとお金を遣うことだ。それで需要を十分に大きく引き上げ、成長を促進するのが目的だ。しかし、政府支出には副作用があり、それが需要の促進とは逆の働きをする。問題は、公的支出が民間支出の代替財なら、前者が後者を押しのけてしまう可能性があるということだ。これを「クラウディング・アウト」と言う。そのとき、政府支出で増えた需要は、一部または全部が、何らかの民間支出の減少で相殺される。国防や道路、つまり民間ではなかなか提供できない公共財（64ページ026公共財とタダ乗りを参照）でさえ、クラウディング・アウトをもたらしうる。総需要の増加で金利が上昇し、個人や企業の貨幣需要は増加する。金利が上昇すると民間部門の投資は減少、後押ししたはずの経済活動が相殺されてしまう。経済学者にとって問題は、クラウディング・アウトは政府支出の影響を完全に消し去ってしまうほど大きいかということである。

```
┌─────────────────┐
│  政府支出の増加  │
└─────────────────┘
         ↓
      ┌─────────────────┐
      │  経済における    │
      │  需要の増大      │
      └─────────────────┘
         ↙
┌─────────────────┐
│ 貨幣需要の増加で │
│    金利上昇      │
└─────────────────┘
         ↘
      ┌─────────────────┐
      │   高い金利で     │
      │ 民間投資は抑制   │
      └─────────────────┘
```

Chapter 5 　経済政策と政府

サプライサイド経済学とラッファー・カーブ

1980年代、政府が経済の需要水準を管理する政策は支持されなくなった。関心は経済の供給サイドをどう強化するか、つまり企業や働き手の生産性をどう上げるかに移った。当時の考え方の1つに、高い税率がインセンティブを損ない、供給サイドの重荷になっている、というものがある。それなら減税すれば経済は活性化するはずだ。アメリカの経済学者アーサー・ラッファーは税率と政府の収入にある関係が成り立っていると提唱した。この関係は「ラッファー・カーブ」と呼ばれるようになった。税率を引き下げれば政府の収入は減ると思うかもしれないが、実のところラッファー・カーブは、いつもそうだとは限らないと示唆している。税率がとても高いとき、人々の働くインセンティブは低く、だから経済の産出量は少なく、税収も少なくなる。そんな状態から税率を引き下げると、税率の低下の影響を、それが促進する産出量の増加の影響が上回り、全体として税収は増加する。現実はそう単純ではなく、サプライサイド経済学には規制の緩和や民営化といったより幅広い政策が含まれる。

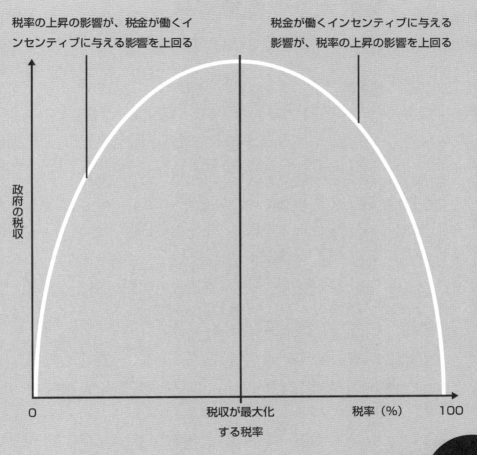

130 リカードの等価定理
Ricardian equivalence

　政府は支出を借入れや増税で賄う。ケインジアンは、政府は借入れを増やして得た資金を支出することで、経済を不況から脱出させることができると信じている。純粋に税金で賄われた支出には効果がない。支出の増加は税金の引き上げで相殺されるからだ。リカードの等価定理は、19世紀イギリスの経済学者デイヴィッド・リカード（右ページの写真参照）にちなんで名づけられている。この定理はケインジアンの主張と相反する。いわく、政府支出の調達方法は関係がない。具体的には、借入れで調達した資金による政府支出の増加には人々は反応しない。人々は、先々で政府は借金を返すために増税すると予想するからだ。この仮説の現代版によると、リカードの等価定理が成り立つためには、人々は合理的で将来の消費と政府の政策の影響について厳密な計算を行うことができなければならない。これは、現実にはなかなか成り立たない前提だ。それでもこの仮説は、政府の支出や借入れの限界について、意味ある疑問を投げかけている。

Chapter 5 経済政策と政府

131 独立した中央銀行と動学的不整合
Independent central banks and time inconsistence

　ここ数十年、中央銀行に独立した立場を与える国が多い。中央銀行が政府の管理下にあると、（金利やマネーサプライなどの）金融政策が政治家の手で立案されることになる。独立した中央銀行の下では、そうした政策は政治と無関係の専門家からなる委員会が立案する。独立性を支持する論拠は、金融政策の目的のためには政府は自分自身の最大の敵になることがよくある点だ。政府がインフレ率を抑えると約束したとして、そんな約束の信憑性は低い。政府は失業を嫌うからだ。そうして結局、失業を減らすために需要を促進することになり、それでインフレ率は高まってしまう（268ページ **124** 政策の裁量とルールを参照）。人々はインフレ率が上昇し、賃金が上がってもそれは物価の上昇で相殺されると予想する。だから、需要を促進する政策は失業率に何の影響も及ぼさない。そうして残るのは高いインフレ率だけだ。こうした状況下では、低いインフレ率という政策目標は「動学的に不整合」であると言う。独立した組織に権限を委ね、彼らはインフレ率の抑制に責任を持てると人々が信じることが、政策同士の矛盾を解決できる道の1つである。

Chapter 5 経済政策と政府

132 財政赤字と財政黒字
Budget deficit and surplus

政府の支出が税収を超えると財政赤字になる。政府の税収が支出を超えれば財政黒字だ。景気が悪くなると、失業率が上昇、失業保険などの給付が増加する一方、経済活動の停滞に伴って税収は減少する。その結果、財政は赤字になりやすい。逆に、景気がいいと税収は増加し、失業給付などの総額は減少、財政は黒字になりやすい(240ページ ⑪ ビルトイン・スタビライザーを参照)。

財政赤字のうち、景気循環によって起きた部分を循環的財政赤字と言う。景気が一巡するとこの種の赤字は黒字で相殺される。一方、構造的財政赤字は景気という要因を超えて残る部分だ。政府が税収の裏づけなしにインフラ投資を行うとき、この種の財政赤字が発生しうる。経済学者の間で、財政収支に関する見解は割れている。財政赤字は景気をうまく調整するのに有効な手段だと考える人もいるし、赤字が続いて累積していくのを懸念する人もいる。

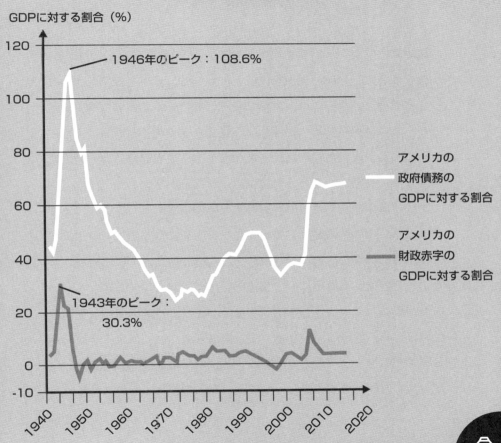

133 均衡財政
The balanced budget

政治家にはよく、「財政を均衡させる」ことの美徳を寿ぐ（ことほ）人がいる。均衡財政とは、政府の支出を税収と一致させ、赤字も黒字も生じないことを指す。厳密には、財政の収支が毎年一致するのが均衡財政だが、これは実現するのが難しい。景気が悪くなると財政は自然に赤字になる。失業手当の給付が増える一方、税収は減るからだ。成長率が高い時期になると、財政は黒字になる。

財政を毎年均衡させるのを支持する経済学者は多くないが、一部に「景気一巡の間の累計」で均衡させるのを支持する人もいる。つまり、景気循環の影響を除いたときに均衡が保たれているのがよいということだ。政府債務は、将来の世代が返済しなければならない借金が累積していることを意味する。つまり、資源の蓄積は停滞、金利は上昇、投資は減少する。また経済学者には、財政赤字は大きな問題ではないと考える人もいる。彼らによれば、保健や教育など、政府支出には削減するとむしろ成長に悪影響が及ぶものもある。

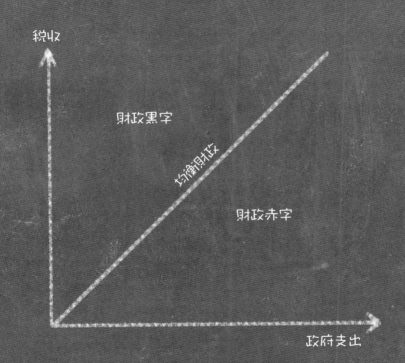

Chapter 5 経済政策と政府

134 政府債務
government debt

　国も人も違わない、そう言われることがある。稼ぎの範囲で暮らさないといけないし、借金は返さないといけない。しかし1つ違いがあり、それは、人は仕事を引退して死ぬが、国はずっと生産を続ける、ということだ。これはつまり、国は借金を完済しなくてもいいということだ。今日の利子やその他の支払い義務を果たす限り、国は借金を続けられる。そして、債務のGDPに対する割合が高くなりすぎなければ、国は債務を抱えたままでいられる。長期的に成長する限り、経済は新たな債務を引き受けられる。

　GDPに対する債務の割合がとても高くなり、政府が返済できなくなったとき、問題が起きる。ただ、そうなる前でも、債務の累積を懸念するべき理由はいくつかある。借りたお金で今日は消費を増やせるが、投資は減るから、将来の世代に悪影響が及ぶ。一部の経済学者は、政府債務を増やしても人々は今日の消費を増やさないと言う。将来、増税があると予想するからだ。また、政府債務が膨らみすぎるとインフレが加速したり、政府の信用力が低下したりする可能性がある。

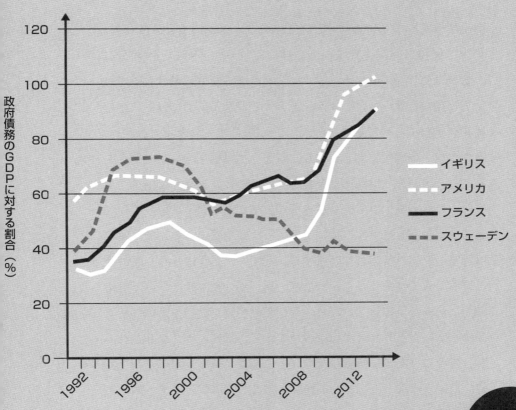

135 租税負担率
Tax incidence

　租税負担率とは、結局誰が税金を負担しているのかを示す指標だ。その人は税務当局に正式に税金を納めている人と同じとは限らない。企業は売り物の価格を吊り上げて税金を消費者に肩代わりさせていると誰かが言ったとしよう。その人が話しているのは、まさしく租税負担率のことである（188ページ 086 企業への課税を参照）。政府がペンキに課税するとしよう。税金は生産費用のような働きをするから、メーカーは産出量を減らす。減った産出量は価格の上昇を呼び、だから買い手も売り手も損をすることになる。売り手はこれまでほど製品を売れず、買い手は支払いが増える。ここで、買い手は価格にあまり反応しないとする。理由はたとえば、ペンキの代わりになるものはあまりないからだ。買い手が売り手に比べて価格の変化にあまり反応しないなら、買い手は税金を負担するのもあまり気にしないだろう。だから、税金の大部分は買い手に転嫁され、しかし需要にはあまり影響が及ばない。逆に、買い手が価格の上昇に強く反応するなら、たとえばペンキの代わりに壁紙にする気があるなら、売り手は税金の大部分を負担せざるを得なくなる。

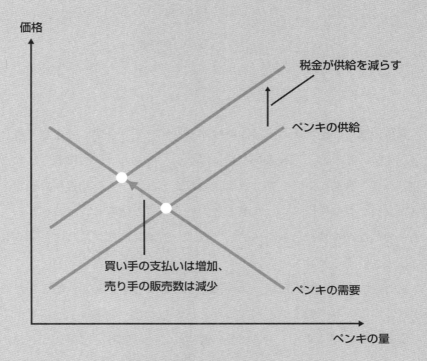

136 直接税と間接税
Direct and indirect taxation

　直接税は、税務当局に直接に納税する特定の人や企業に課される税金である。典型的には、払うかどうか選択の余地はない。たとえば、労働者が払わされる所得税や、企業が利益に対して課される税金がそうだ。一方、間接税は特定の個人には課されない。間接税はふつう商店などの仲介業者が徴収し、それを政府に収める。最も一般的な間接税は、取引に対して課される消費税だ。これは、何かを買わなければ払わされることはない。

　消費税のような間接税は、所得税よりも望ましいと言われることがある。労働に課税すれば人々の働く気を損なうからだ。しかし、間接税も価格を引き上げることで実質所得を減らすし、ある製品に課税して他の製品に課税しないと、財の相対価格を歪めることになり、市場の効率的な働きは損なわれる。また間接税は「逆進的」だと批判されている。所得の低い人たちが払う税金が彼らの所得に占める割合は相対的に高くなるからだ。

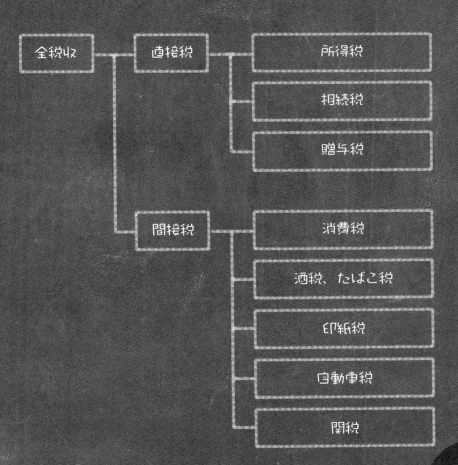

292/293　Chapter 5　経済政策と政府

137 課税の死荷重
The deadweight loss of taxation

　税金を課すことで生じる費用も存在する。市場メカニズムに介入することになるからだ。財に課税すれば一部の財の価格は他の財に比べて上昇するし、所得税は労働者の手取りの賃金を減らす。その結果、「課税の死荷重」と呼ばれるものが生じる。

　政府が所得税率を引き上げたとする。労働者の可処分所得は減少するが、公共サービスにかかる費用を支える税収は増える。税率が上がれば、それまでほど働かなくなる人も出て、彼らの生活水準は下がる。政府の税収は、彼らが仕事を減らした分を相殺できるほどには増えない。それが経済に生じる死荷重だ。労働者に与えられるインセンティブは限界税率を通じて影響を及ぼす。もう1時間働くことに対する税率が限界税率で、それが高いと、今以上働いても見合わないかもしれない。限界税率は、所得水準が低いときは低いことが多く、だから所得水準が高いと平均税率、つまり総所得のうち税金でとられる分の割合は限界税率を大きく下回ることが多い。

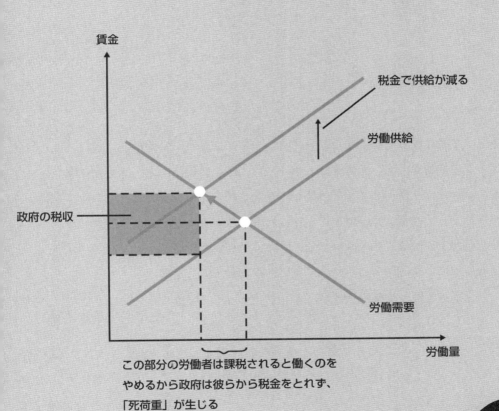

経済政策と政府

138 定額税
Lump-sum taxes

　経済学者は税金を必要悪だと考える。人々には政府が必要だが、税金はインセンティブに影響を与え、市場を歪める。たとえば、所得税で人々はあまり働かなくなる。定額税は、所得とは無関係に誰もが同じ額を支払う税制だ。これには重要な特徴がある。それは、インセンティブに影響を与えないという点である。もっと働くかどうかで税額は変わらないから、どれだけ働くか考えるとき、税金は無視できる。限界税率、つまり増やした分の仕事にかかる税金は、定額税の下ではゼロである。

　この意味では、定額税は市場のインセンティブに影響を与えない。しかし、平均税率、つまり総所得のうち税金にとられる分の割合は、所得水準が低ければ定額税のほうが高く、だから定額税は「逆進的」である。所得が1万ポンドで定額税が1,000ポンドなら平均税率は10％だが、所得が1,000ポンドだと平均税率は100％になる。貧しい人に課される税率のほうが高いのだ。だから、定額税は効率的だが不公平だと考える人が多い。

イギリス政府は1989〜1990年の期間に定額税を導入した。
これは人頭税と揶揄され、不公平感の高まりから大規模な反対運動が起きた。

経済政策と政府

139 課税による再分配
redistributive taxation

　学校や病院に資金を提供するためには、政府は人々に課税せざるを得ない。しかし、政府は税負担をどう配分するべきだろう？ 経済学者たちはよく、税金が経済の効率にどう影響するかに焦点を合わせたがる。すべての人に500ポンドで一定の税金を課すのは効率的だ。人がどれだけ働くかに影響しないからである。だが、そんな税金には不公平感があるかもしれない。たくさん払える人がたくさん払うべきだと言う人は多い。

　どんな税金でも何らかの点で再分配を伴うが、課税による再分配は、政府が資金を得るのに加え、所得の分配をより公平にすることを目的にしている。累進課税はお金持ちに高い税率を課し、払える人がたくさん払うべきだという指針に合致するし、所得の分布はより平等になる。比例課税の下では全納税者は所得に対して同じ割合の税金を払う。逆進課税の下では、貧しい人に比べてお金持ちが払う税金の額はより大きいものの、払う税金の所得に対する割合はお金持ちのほうが低くなる。

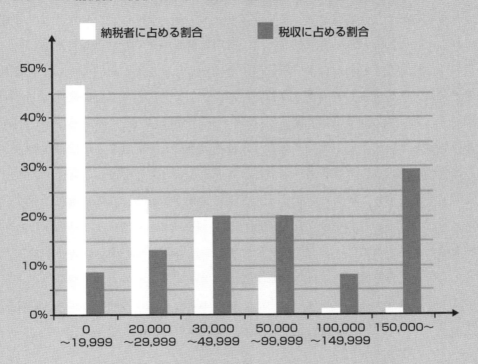

140 福祉国家
The welfare state

　人が職を失ったり病気になったり、年をとって働けなくなったりすることは避けられない。そんな状況に取り組むべく、政府は健康保険や社会保障を提供したり、自分で生計を立てられない人に基礎所得を提供したりする。民間の市場は、健康保険や失業保険を提供して人々を守ることができないのだろうか。経済学者たちは今、買い手と売り手の間で情報が偏っているために、市場はうまく機能しないことがあると理解している。たとえば、健康な人と不健康な人を区別するのは難しい。だから保険会社は、人が保険を掛けようとしているという事実そのものを、その人は不健康であると示していると解釈する。保険料は高くなるし、人によっては保険を掛けられなくなる。社会保険や国民健康保険が存在する理由の1つは、こうした市場の失敗を避けるためだ。こうした「福祉国家」には問題もある。負のインセンティブをもたらす可能性がある点だ。健康保険料を国に負担してもらえるなら、人々は自分の健康をあまり気にしなくなるかもしれない。また、失業保険が人々の仕事に就く気をどれぐらい損ねているかについては、論争が続いている。

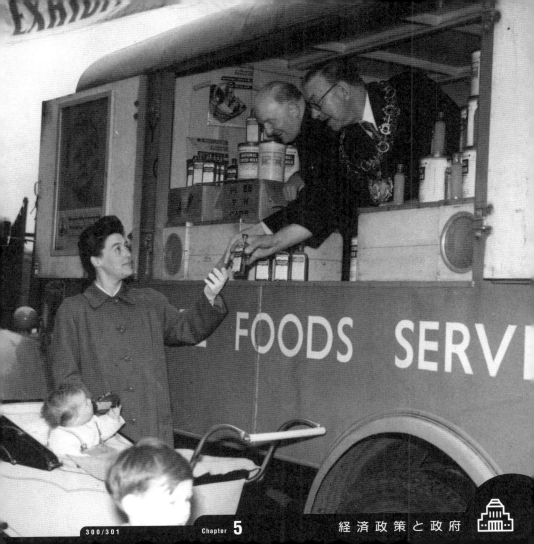

Chapter 5 経済政策と政府

141 年金
Pensions

　経済学者は人の所得、貯蓄、および消費をライフサイクル単位で考える。若いときは所得を得て貯蓄し、老いてからは貯蓄を取り崩して生きる（236ページ **109** ライフサイクルと恒常所得を参照）。年をとったときのために貯蓄する手段の1つが年金だ。政府は高齢者に最低限の退職年金を提供する。ここで政府が介入するのは、市場が提供する退職年金につきまとう問題に対処するためだ。個人は自分では何十年も先に毎年どれだけ所得が必要かなんてなかなか考えられない。必要な情報を手に入れるのも難しいし、知ったところでどうすればいいのかもなかなかわからない。

　さらに、民間の年金にも問題がある。人には長生きする人もいる。そして年金を買う人とは、まさしく長生きしそうな人だ。長生きされては、年金の売り手は年金の支払いで損をする。民間の市場では供給が不足し、だから、やはり国民年金が必要だという主張が成り立つ。近年の西欧諸国では、国民年金に加えて企業が年金を提供するのが一般的になっている。

Chapter 5 経済政策と政府

価格統制と補助金
Price controls and subsidies

　ときどき、政府は重要な市場で価格を統制する。最低賃金法は賃金の下限を定めているし、家賃統制が定めているのは家賃の上限だ。こうした規制は貧しい人たちを助けるのが目的だが、需要と供給で決まる価格に手をつける規制には代償も伴う。

　月600ポンドの家賃で需要と供給が一致するとしよう。600ポンド出せば、誰でもアパートが借りられる。しかし、そこで政府が家賃の上限を500ポンドにしたとする。アパートの需要は増加、供給は減少、だから借りたい人全員にアパートがいきわたらない。市場以外の方法でアパートを割り当てる必要が出てくる。一番長く待てる人やいいコネを持っている人がアパートを手に入れるかもしれない。時とともに、新築されるアパートは減り、アパート不足はいっそう深刻になる。家賃統制はアパートをすでに借りている人たちを助けるかもしれないが、それ以外の人を市場から締め出す。一方、価格の下限は逆の効果を持ち、余剰が生じることになる。価格統制を支持する人は、社会にとっては利益がそうした費用を上回ると主張する。

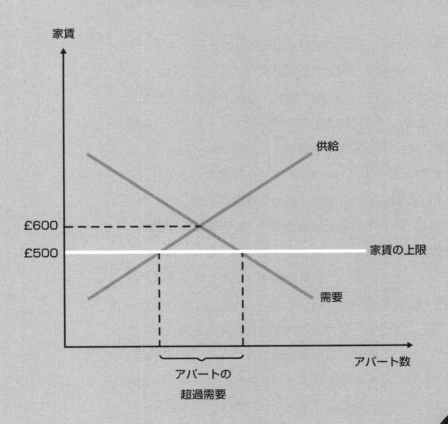

143 最低賃金
Minimum wages

　1999年以来、イギリスでは法律で最低賃金が決まっている。この政策を支持する主張と反対する主張にはどんなものがあるだろう？ 最低賃金は、労働の需要と供給で賃金が決まる、労働市場の通常の機能に対する介入だ。法律で定められる最低賃金は、通常、平均賃金の何割かで、だから労働市場のほとんどの部分には影響を及ぼさない。

　しかし、賃金の安い業種にとって最低賃金はこたえる。最低賃金を適用されると賃金が上がり、労働供給が増加、労働需要は減少する。仕事を探している人が人を探している仕事よりも多いので、失業が起きる。そして賃金は、仕事の供給が仕事の需要に追いつくところまで下がることができない。だから一部の経済学者は最低賃金を使った政策を批判する。しかし、最低賃金が失業に及ぼす悪影響は限られている、そんな悪影響よりも賃金の安い労働者の生活水準を引き上げられることのメリットのほうが大きい、と言う経済学者もいる。

Chapter 5 経済政策と政府

競争政策

competition policy

　標準経済理論では、競争は資源の効率的な配分をもたらすと考えられている。企業は競争し、消費者が求めるものを安い価格で供給する。しかし、市場はそんな理想からかけ離れることがときどきある。競争（あるいは反独占）政策の目的は、市場競争を確保することにある。デイリー・フーズ社がファームハウス・プロデュース社との合併を検討しているとする。どちらもバター製造の大手で、合併すればバター市場の75％を握るとする。競争政策当局にとって問題は、こんなに大きな市場シェアを握った合併後の企業が独占企業のような行動をとり、価格を吊り上げないかということだ。もし起こるなら、当局はこの合併を禁じるかもしれない。消費者が別の製品、たとえばマーガリンを代替財だと考えるなら、75％の市場シェアを握っても、市場支配力はさして大きくないかもしれない。

　競争政策が対抗しようとするその他の反競争的な行為には、企業が談合して価格を固定するカルテル（178ページ **081** を参照）や、競争相手を市場から駆逐するべく超低価格を打ち出す略奪的価格設定（182ページ **083** を参照）などがある。

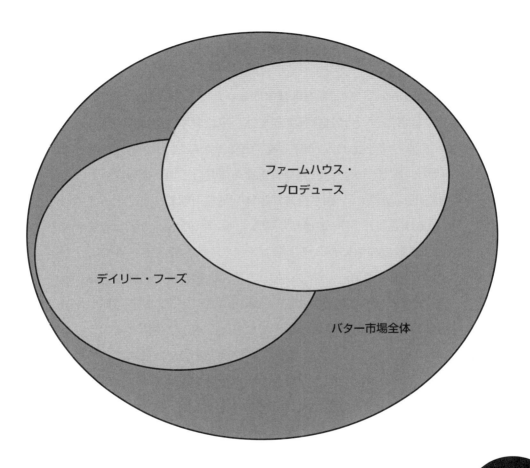

145 規 制
Regulation

　市場経済の下でも、政府は競争がないところでは企業を規制する。「自然独占」、たとえば水道業界では、平均費用は産出量の増加とともに減少する。大きな初期投資が必要だからだ。大手1社の場合のほうが、数社がそれぞれ異なる水道を運営している場合よりも、費用は安い。しかし、独占企業が価格を吊り上げるのを、どうすれば阻止できるだろう？　最適な水の産出量は、価格、つまり消費者が最後の1単位の水に与える価値が、その1単位を産出するのにかかる費用（限界費用）に等しくなる、そんな産出量だ。独占企業は利益を増やすために産出量は低く、価格は高くする。規制当局は水道会社に、価格が限界費用と等しくなるところまで生産するよう強いることもできる。しかし、そんな高い産出水準では価格はとても安くなり、自然独占企業といえども平均費用を賄えずに赤字になるかもしれない。この問題に対処する方法の1つは、独占企業に補助金を出すことであり、また別の1つは、価格の上限を企業が生きていける水準に置くことである。そうした解決策にはそれぞれ弱点もあり、その結果規制は複雑になり、よく政治的論争の的になっている。

水道などの公益事業は自然独占である。だから政府による規制のいい標的になっている。

Chapter 5 経済政策と政府

146 公害税
Taxing pollution

　炭鉱がいくつかあり、その副産物である土石流で周辺の土壌が痩せてしまい、近くにある花の栽培農家では産出量が減ったとする。ここには「外部性」が生じている（58ページ **023** 外部性を参照）。土石流は、社会にとって費用だ。花の産出量と栽培農家の利益を減らすからである。しかし、鉱山のほうにはそれは影響しない。だから石炭も公害も、産出量が過大になる。政府は炭鉱に公害を減らすよう強いることができるかもしれない。あるいは、公害に課税することもできる。産出する土石流1トン当たりで税金をとるのだ。

　そんな公害税は、社会が被る費用と便益をすべて反映する水準に設定される。炭鉱は、自分たちの行為で生じたのに市場ではそれが反映されない社会的費用を公害税で払うことになる。公害税が外部性を「内部化」するからだ。税金なら、公害を出す側にはいろいろな対応が可能だ。公害を減らすのは容易だと判断する企業もあるかもしれない。減らすのには大きな費用がかかる企業もあるかもしれない。後者の場合、産出量を減らし、しかも税金も払うことになる。炭鉱全体で見ると、公害抑制のための取り組みは効率的に配分される。

Chapter 5 経済政策と政府

147 命の価格
Valuing human life

　地元の地方自治体は、プールに置く監視員をもう1人雇うべきだろうか？ それを決めるには、議会は監視員の賃金という費用と救われる命という便益を比べないといけない。しかし、命の価値をお金で表すなんて、どうすればできるだろう？ 命に値札なんて貼れないに決まっている？ 資源は希少であり、命に無限大の価格を割り当てて出る答えは無意味だ。議会は安全性に無限に資金をつぎ込まなくてはならなくなる。監視員を何百人も雇い、最先端の監視カメラを何台も設置し、プールの脇には救急センターを立てる。だがそうするうちに、学校や病院、ゴミの収集には資金が回らなくなる。現実には、プールの監視員は危険をそれなりに抑えられる人数しか雇われない。

　どれだけの安全ならお金を出す価値があるかを決めるためには、暗に命に価格を割り当てないといけない、経済学者はそう主張する。彼らは、危険を取り除くために人々がどれだけお金を出すかで命の価格を計算する。そんな方法の1つは、危険な仕事と危険の小さい仕事の賃金の差を見ることだ。一部の研究の推定によると、アメリカにおける命の価格は約700万ドルである。

Chapter 5 経済政策と政府

Chapter 6

国際経済

The international economy

グローバル経済のしくみを
見抜くための18ワード

148 比較優位
omparative advantage

　フランスはチーズ造り、イギリスはビール造りに長けているとする。フランスがチーズ造り、イギリスがビール造りに特化し、2国間で貿易をすれば、どちらも得をする。フランスはビールを、イギリスはチーズを、ともに安く手に入れられる。比較優位説によれば、イギリスがどちらの製品でも劣っているとしても、特化と貿易で同国は得をする。

　イギリスでは、ビールをもう1樽造ればチーズを2塊造れなくなるとする。一方フランスは、ビールをもう1樽造ればチーズ3塊が造れなくなる。イギリスはビールの生産に比較優位がある。チーズで測ったビール1樽分の「費用」はフランスよりも小さいからである。フランスがどちらの製品でも絶対水準では優位だったとしてもこの関係は成り立つ。イギリスがビール、フランスがチーズの生産に特化すれば、どちらの国も得をする。国の比較優位は何で決まるのだろう？　たとえばその国にある資本と労働がそうだ。ただ、長期で見て、ある国がどうやって比較優位を確立するのかはもっと複雑である。

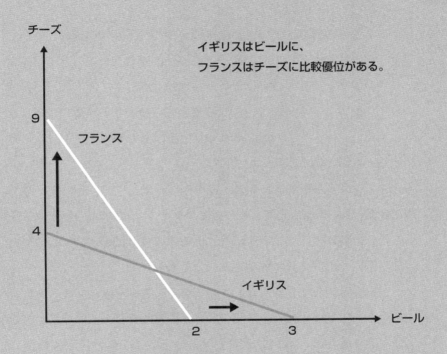

149 国際収支
The balance of payments

　ある国の国際収支とは、その国の企業や個人が他の国のそれらと行った支払いと受け取りの記録である。国際収支の収入と支出は常に一致する。支払い総額は受け取り総額に等しい。赤字になったり黒字になったりするのは、国際収支全体を構成する要素だけだ。たとえば、アメリカが1,000万ポンド相当の携帯電話をイギリスに輸出し、イギリスはアメリカに何も輸出しなかったとする。このとき、イギリスは1,000万ポンドの「貿易赤字」だ。一方、そのアメリカの企業は今、1,000万ポンド分の資産をイギリス国内に持っている。これが「資本収支」の黒字になる。資本収支は国際収支の構成要素で、国同士の間の資本移動を記録したものだ。

　貿易赤字を心配する人がときどきいる。貿易赤字は、たとえば国内企業の生産性が低く、自国の製品が国際的な競争についていけないときに起きる。しかし、貿易赤字はいろいろな原因で発生するし、その全部が悪い原因というわけではない。たとえば、タールや鉄鋼を膨大に輸入しているのは、国が急速に成長しているために、道路をたくさん敷設中だからかもしれない。

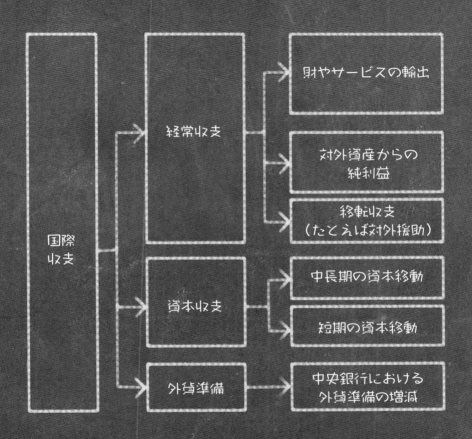

150 自由貿易
Free trade

　自由貿易とは、国が外国の製品に対する関税や輸入割り当てを廃止したり、貿易を阻害する法律や規制を撤廃したりして、自国の市場を開放した状態を指す。経済学者のほとんどが自由貿易を支持する。市場や競争が拡大するからだ。

　自由貿易に向けた初期の歩みは、1846年のイギリスに見られる。この年、国内の農家を外国との競争から保護する「穀物法」が撤廃された。以来、自由貿易には紆余曲折があった。世界大戦に挟まれた期間には衰えたが、20世紀の後半には再び勃興した。自由貿易は二国間協定を通じて実現することもあれば、多国間の条約を通じて実現することもある。世界貿易機関（WTO）などが後者だ。自由貿易は常によいものだという通念を疑問視する経済学者もいる。「一部の労働者には自由貿易が悪影響を及ぼすこともありうる」、「発展途上の初期にある国は、自国の産業を発展させるために、外国との競争から国内を保護する必要があるかもしれない」と彼らは指摘する。

穀物法はイギリスの農家を外国との競争から保護していたが、同時に、供給は制限され、価格は高くなっていた。それで労働者は所得の大きな部分を食べ物に費やす羽目になっていた。穀物法の撤廃を求める運動の一環で、大規模な集会が開かれた。

151 保護主義と貿易戦争
Protectionism and trade wars

　経済理論によれば、貿易から得られる利得はとても大きい。2つの国がそれぞれ特定の製品に特化してお互いと貿易をすれば、どちらの国も利得を得る。保護主義は、国が国際貿易に対して門戸を閉ざす政策であり、関税（税金の一種）や輸入割り当ての形をとることが多い。そうした政策は貿易による利得を帳消しにしてしまうので、ほとんどの経済学者は保護主義は経済に有害だと主張する。経済危機が起きると保護主義を求める声が上がることがある。これは、成長と雇用を守るには、国内経済を外国との競争から遮断するべきだという考えだ。問題は、貿易相手も同じような政策をとるかもしれないことだ。貿易戦争が起き、そうするうちに貿易と所得の両方が、どちらの国でも減少する。1930年代の大恐慌のときもそうだった。経済学者によっては、一時的に対象を絞った保護政策は国の助けになる場合があると主張する。「幼稚産業」を、国際的な競争に加われるだけの効率性を手に入れるまで、外国との競争から守り、発展させるべきだと考えているのである。

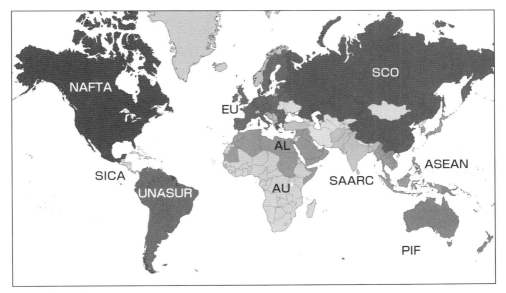

世界の主要な貿易圏

AL：アラブ連盟
ASEAN：東南アジア諸国連合
AU：アフリカ連合
SICA：中米統合機構
EU：欧州連合

NAFTA：北米自由貿易協定
PIF：太平洋諸島フォーラム
SAARC：南アジア地域協力連合
SCO：上海協力機構
UNASUR：南米諸国連合

国際経済

152 グローバリゼーションと市場の統合
lobalization and market integration

　グローバリゼーションは、わかりにくく不鮮明な言葉だ。経済学者の立場で言えば、グローバリゼーションはそれまで地理的に分断されていた市場同士が統合されることを指す。それまで、それぞれの生産地が属する国の中だけで売られていたイギリスのジャガイモとフランスのジャガイモが、同じイギリスとフランスの消費者に買ってもらおうと競いあうとき、グローバリゼーションは促進される。だから経済のグローバリゼーションが起きているかどうかは、同じ財なら異なる場所でも——ジャガイモがロンドンとパリで——同じ価格になっているかでわかる。

　グローバリゼーションは、輸送にかかる費用が十分に低くなり、貿易で利益が得られるようになったときに起きる。19世紀に船や鉄道での輸送が発達し、グローバリゼーションに拍車がかかった。政府はグローバリゼーションを、関税を引き下げて促進したり引き上げて阻害したりすることがある。第二次世界大戦以来、財やサービスの市場におけるグローバリゼーションは急速に進んだ。金融のグローバリゼーションも進んでいる。労働力の移動もグローバリゼーションの要素の1つだが、これは政治的にハードルが高い。

Chapter 6 国際経済

153 貿易と地理
Trade and geography

　最近、経済学者は、産業の特化と国際貿易に見られるパターンはだいたい偶然そこへ行きついただけだと考えはじめている。古典派の貿易理論によると、ある国が毛織物の主要輸出国になるのは羊がたくさんいるからで、ワインの主要輸出国になるのは天候が合っているからだ。でも実は、貿易の大部分は実質的によく似た天然資源と人口を擁する先進工業国同士の間で行われている。

　しかし、鉄鋼産業などでは、生産は大規模に行ったほうがずっと効率が高い。生産を行うには、まず、工場や機械への大きな投資が必要だからだ。だから、ひとたびある国が鉄鋼の生産を始めると、その国はコスト面で優位に立てる。他の国はなかなか追いつけないから、その国は鉄鋼輸出で支配的な地位を手に入れる。最初に製鉄所を建てるのはどこか他の国であってもまったくおかしくない。その場合、主要生産国はその国になるだろう。

154 フェアトレード
fair trade

　フェアトレードを推進する組織の目的は、国際貿易の利得を発展途上国の生産者にもっと還流させることだ。スーパーマーケットで売っているインスタント・コーヒー1瓶を考えてみよう。フェアトレードを支持する人たちはこう主張する。瓶のコーヒーに使われた豆はエチオピアのコーヒー農家が栽培したものだが、彼らがそれで手にする収入はスーパーマーケットがコーヒー1瓶につけている価格のほんの数分の1だ。残りは費用や仲介業者が得るマージンである。

　農家がフェアトレードの仕組みに参加すると、最低価格を保証してもらえて、代わりに、労働条件や環境に関する基準を順守するよう求められる。農家のコーヒーはフェアトレードの認証の下で取引される。西側諸国の消費者でフェアトレードの価値を認める人たちは、そんなコーヒーにちょっと高い価格を喜んで支払う。そういう方法で、貧しい国の小規模な生産農家の所得が、作物の市場価格の上下にともなって変動するのを、いくらか和らげようというのだ。しかし、フェアトレード運動にも批判はある。彼らのやり方では一番貧しい人たちは助けられないと言う人もいる。最も貧しい人たちは圧倒的に日雇労働者で農家ではない、というのが彼らの論拠である。

Chapter 6 国際経済

155 ブレトンウッズ体制
The Bretton Woods system

　1930年代の大恐慌の間、外国からの輸入を遮断し、国内市場を守った国がたくさんあった。それが国際経済の分断をもたらした。1944年にニューハンプシャー州ブレトンウッズで会議が開かれ、国際協調を再構築するための礎がつくられた。各国の為替レートは対アメリカドルで固定された。国際通貨基金と世界銀行が設立され、政府の資金調達と国の経済発展を支援することになった。目的はもう1つあり、保護主義を覆すことだった。関税および貿易に関する一般協定（GATT）が結ばれ、それがのちに世界貿易機関（WTO）になる。この協定に基づいて、国際貿易に関する交渉の場が繰り返し設けられた。これは現在も続けられている。

　この体制は安定した成長に後押しされて数十年続いたが、1970年代の初めに世界経済が不安定になると終わりを迎えた。近年の金融危機の後、ブレトンウッズを思い出した一部の評論家が、国際金融システムをもう1度改革しようと主張した。

```
                    ┌─────────────────────┐
                    │  ブレトンウッズ体制  │
                    └─────────────────────┘
                       ↙             ↘
          ┌──────────────┐         ┌──────────┐
          │ 国際通貨基金 │         │ 世界銀行 │
          └──────────────┘         └──────────┘
            ↙        ↘               ↙        ↘
     ┌────────┐  ┌────────┐   ┌────────┐  ┌────────┐
     │ 短期の │  │為替レート│   │ 長期の │  │開発の支援│
     │資金調達│  │ の安定 │   │資金調達│  │        │
     └────────┘  └────────┘   └────────┘  └────────┘
```

Chapter 6　国際経済

アメリカの貿易赤字と国際不均衡

世界最大の経済を誇るアメリカは、何年も「貿易赤字」を続けている。つまり輸出する以上に輸入しているということである。貿易赤字は外国からの資本流入に支えられている。国際不均衡は、世界の貿易体制におけるアメリカの巨大な貿易赤字とそれに対応した海外資金の流入を指す。そうした不均衡は、経済の中ではそういうこともあるというだけでそれ自体必ずしも問題ではないが、現在の不均衡は巨大で慢性化しており、それを憂慮した評論家の中には、国際不均衡こそ近年の金融危機の原因だと言う人もいる。彼らの主張はこうだ。アメリカの貿易赤字の反対側には中国の貿易黒字があり、後者は世界中に資本を流し込み、世界的な「貯蓄過剰」の一端を担った。過剰な貯蓄は西側諸国の金融市場に流れ込んであふれ、融資が急増し、その一部は甘い審査で住宅ローンに回された（136ページ❻❶金融危機を参照）。そうした住宅ローンが金融市場をむしばんだ。アメリカの貿易赤字の巨大さは今も議論の的である。懸念する人たちは、資本流入が減少すれば貿易赤字を続けることはできず、経済は大きな打撃を受けると考えている。

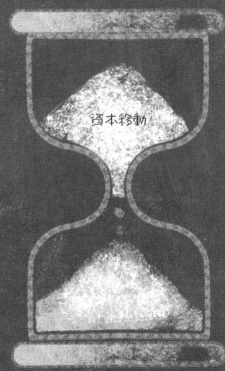

Chapter 6 国際経済

157 国際資本移動
International capital flows

　ここ数十年、諸国間の資本移動は世界経済の産出量を大きく上回る速さで増加した。資本がある国に流入するのは、誰かがその国の企業の株式や債券を購入したり、その国に直接投資を行ったりするときだ。資本の大部分は先進工業国の間を行き来しているが、発展途上国には外国資本のいくらかを呼び込めている国もある。外国資本がなければ、国は自国民が貯蓄した資金しか投資できない。資本流入があればそんな制約がなくなり、成長力は高まる。

　ある国が外国からの投資に自国経済を開放することを、資本の自由化と言う。とくに発展途上国にとって、資本の自由化政策がもたらす恩恵は、経済モデルが示すほど定かなものではなく、人によっては、発展途上諸国で金融危機が増えているのは資本の自由化のせいだと言う。流出入する資本の種類が違えば経済への影響も違う、ということかもしれない。たとえば一部の研究によると、企業への直接投資は融資よりも、国の成長に大きな効果があると示唆している。

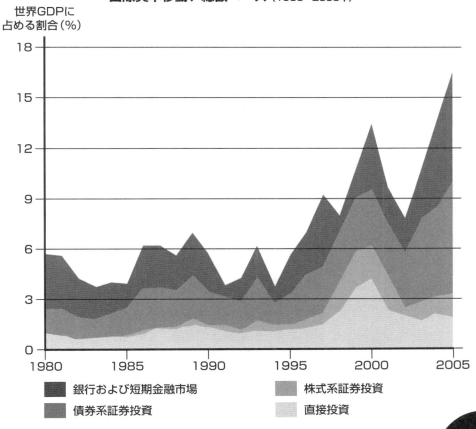

158 多国籍企業
Multinational firms

　多国籍企業とは、工場や事務所がさまざまな国にある企業を指す。多国籍企業の勃興は市場の国際化（326ページ **152** グローバリゼーションと市場の統合を参照）の重要な要素だ。企業が、製品を売りたい国で操業する必要はどのあたりにあるのだろう？　ブリティッシュ・ピルズ社はインドで新しい薬を売り出したいとする。薬はイギリスで造って輸出することもできるだろう。しかし、インドで製造するほうが有利かもしれない。理由は安い原材料や労働力などだ。でもそれなら、インドの企業とライセンス契約を結んで薬を製造させればいいのではないか？　理由の1つは、ブリティッシュ・ピルズには「企業独自の資産」があるのかもしれない。特別な製造法や処方などだ。そんな資産は他社に知れたら価値が下がる。知った他社はすぐにそれを使って競合する製品を開発するかもしれない。ブリティッシュ・ピルズにとって、自分でインドに拠点を置くほうがいい。多国籍企業が海外拠点をどこに置くかは、市場規模や現地の生産費用、税金の高さ、規制環境などに左右される。

Chapter 6 国際経済

159 労働移動
Labour migration

　労働移動は市場の発展の重要な局面だ。国が工業化するとき、労働者は田舎から都会へ移動する。工業に携わる企業が提供する高い賃金に引き寄せられるのだ。似た現象は国境をまたいでも起きる。19世紀の間、膨大な数の移民が新世界に流れ込み、以来、国際的な移住はずっと大きな役割を果たしている。国内の移住と同じく、国際的な移住についても、国と国との賃金格差が国際労働移動に大きな役割を果たしていると経済学者は主張する。移民は賃金が安い国から高い国へ移動する。いつか、各国の賃金水準は近づいて、そんな動きも収まるのかもしれない。現実には、労働移動は単純なモデルが言うよりずっと複雑な現象だ。ありとあらゆる文化的・社会的要因がかかわるし、強い政治色を帯びるようになった。いずれにせよ、ここでは最も基本的な経済学でさえ役に立つ。財や金融の国際市場の拡大と同じように、労働移動もグローバリゼーションの論理の一部なのを思い知らせてくれるだけなのかもしれないけれども。

Chapter **6** 国際経済

実質為替レートと名目為替レート

為替レート、つまり、たとえばイギリスポンドでアメリカドルを買うときの価格は、それぞれの通貨の需要と供給で決まる。さまざまな国にいる財やサービスの買い手と売り手のやり取りを為替レートが取り持つ。名目為替レートは銀行の為替レート表に載っている。たとえば1ドルは0.65ポンド、というやつだ。

しかし、名目為替レートは、自国通貨を持って外国へ行ったとき、実際何が買えるかは教えてくれない。各国の物価水準を考慮したのが実質為替レートだ。このレートを使えばそれがわかる。イギリスのリンゴとアメリカのリンゴの交換比率、それが実質為替レートである。ポンドの実質為替レートは、名目為替レートが上昇すればそれにつれて上昇する。しかし、イギリスの財の価格が下がるかアメリカの財の価格が上がるかしても、ポンドの実質為替レートは上昇する。ポンドの実質為替レートが上昇するということは、同国の財の価格が他国の同じ財に比べて安くなったということであり、自国と外国の消費者はイギリスの財を買いやすくなる。

Chapter 6

国際経済

161 固定相場制と変動相場制
Fixed and floating exchange rate system

　為替市場の制度はいずれも、純粋な固定相場と純粋な変動相場の間のどこかに位置づけられる。純粋な変動相場制では、ある通貨で測った別の通貨の価格は、市場における後者の需要と供給で決まる。ある通貨の需要が増加したり供給が減少したりすると、その通貨の価格は上昇する傾向がある。

　対照的に、固定相場制では為替レートが一定に維持される。たとえば、アルゼンチン政府が自国通貨の為替レートを1アメリカドルに対し2ペソに固定したりする。また、中間の制度もあり、為替バンド制などがそうだ。為替レートが一定の幅の範囲内に限って変動するのを認める制度である。固定相場制はその国の金融政策、つまり貨幣供給や金利のコントロールを制約する。金融政策が特定の為替レートと整合的でなければならないからだ。変動相場制に比べ、固定相場制では自国の経済状態に対応して金融政策を変更できる余地が小さい。しかし、固定相場制には経済を安定させる効果があると言う人もいる。

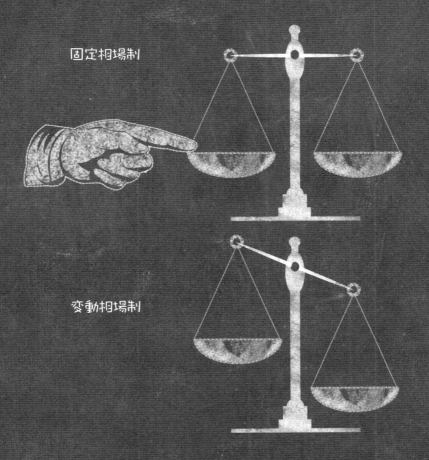

Chapter 6 国際経済

金本位制
The gold standard

　金本位制の下では、金は通貨として使われる。より一般的には、紙幣は金に換えられる。20世紀の前半には金本位制が敷かれていた。当時を懐かしがる人もいる。あの制度のおかげで国際金融システムは安定していたと彼らは信じている。金本位制の下では、通貨の金に対する価値は固定されている。ということは、他の通貨に対するある通貨の価値、つまり為替レートも固定されているということだ。うまくいっている間は、この制度で貿易に伴う不確実性を抑制できる。また、政府を物価の安定に縛りつけることができる。貨幣が金に裏づけられていなければならないので、当局は容易に貨幣供給を増やせないからだ。しかし、うまくいっていないとき、金本位制は経済の拘束衣と化す。大恐慌の間、政府は貨幣供給を増やして自国の景気を後押しすることがほとんどできなかった。そのせいで、苦境は長引くことになった。物価や為替レートの安定を重んじる経済学者は多いが、古典的な金本位制への回帰を支持する人は少ない。

Chapter 6 国際経済

163 通貨危機
currency crises

　1970年代以来、通貨危機はいっそうよく起きるようになった。危機が起きるのは、通貨が大規模に売られはじめ、価値が下がるときだ。為替レートが「固定」されている（一定のレートに維持されている）なら、その固定レートは放棄せざるを得ない。これは通貨切り下げと呼ばれる。危機の一種には、為替レートと他の分野の経済政策の間に矛盾があるときに起きるものがある。政府が税収以上に支出しているとする。足りない分は通貨の増発で埋めたとすると、その行為で自国通貨の価値は下がる。固定の為替レートを維持するためには、政府は外貨準備を使って自国通貨を買い入れなければならない。しかし、外貨準備はいつか尽きるから、通貨を切り下げることになる。通貨危機の理論には、他にも、通貨危機は自己実現性を持つと示唆するものがある。ある通貨の頑健さを疑う人がたくさんいると、それが投げ売りと危機の引き金になる。一方、ここ数十年に起きた発展途上国の通貨危機では、外国からの資本流入が突然止まったことが危機をもたらしている。

164 単一通貨
Single currencies

　世界全体で1つの通貨を使わなければならないとしたら、それは明らかに制約が強すぎる。さまざまに異なる経済がたくさん存在するからだ。一方、世界の街それぞれがそれぞれに異なる通貨を使っていたら、経済生活は絶望的に煩雑になる。歴史的な経緯で、ほとんどの通貨は国境の中で流通している。しかしヨーロッパ諸国の多くは1つの通貨を共有する道を選んだ。ユーロだ。通貨圏と国境が一致しないなら、1つの通貨でどこまでカバーするのが最適なのだろう？ 取引当事者が同じ1つの通貨を使っていれば、通貨を転換する費用が節約できるし、それで取引も促進される。しかし、独自の通貨を持つ国は独自の金融政策（マネーサプライや金利の水準）を採用することができる。単一通貨圏に入れば、国はこの力を放棄することになる。ユーロの場合、金融政策は欧州中央銀行が決める。加盟国の景気循環が一致していれば、このやり方でうまくいく。しかし、必要な金融政策が加盟国間で違っていると問題が起きる。2008年に起きた経済危機の後がそうだった。今では、ヨーロッパは本当に最適通貨圏なのか、疑問視する声も上がっている。

Chapter 6 国際経済

165 通貨の下落
Exchange rate depreciation

　先週、1ポンドは2.50ドルだったが今日は2.30ドルだ。ポンドの価値は下がった。ポンドが下落し、ドルが上昇した。為替レートが自由に変動するとき、その為替レートを決めるのは何だろう？ 通貨の価格もペンの価格と変わらない。つまり需要と供給で決まる。インフレ率が高い国の通貨は下落しがちだ。通貨の購買力が下がるからである。金利が高い国は外国資本を呼び寄せやすい。その結果、通貨は上昇しがちである。為替レートは輸出や輸入の水準にも左右される。貿易赤字は輸入が輸出を上回ると起きる。貿易赤字は自国通貨を下落させる。しかしこれはありがたいことでもありうる。国内の製品の国際的な競争力が高まるからである。現代のグローバルな資本市場では、ある国に資金を投じることで生じるリスクを投資家がどう考えるか、それ自体が為替レートに影響する。政治が不安定になれば投資家は逃げてしまい、通貨の価値は下落する。

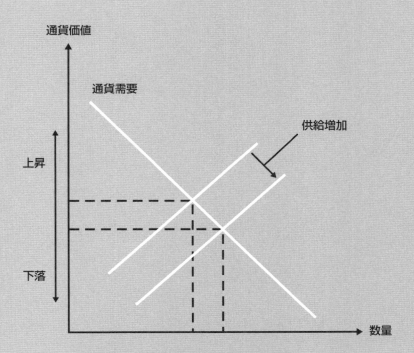

与えられた需要水準の下で通貨の供給が増えればその通貨の市場価値は下落する。

Chapter 7

社会と経済

Society and the economy

思想と制度の変遷を知るための
16ワード

経済学と道徳
Economics and ethics

　経済学をつくったアダム・スミスやジョン・スチュワート・ミル（右ページの写真参照）といった人たちは哲学者だった。彼らの研究は、道徳上の疑問を経済分析と結びつけていた。しかし彼らの時代以降、経済学と道徳哲学はあまり結びつかなくなった。現代経済学は数学モデルと高度な統計学であふれている。客観的で科学的で、厳しい現実を相手にする学問だと思われがちだ。対照的に、道徳は主観的であり、科学的分析で修正ができるものではなく、そもそも現実とはまったく切り離された領域にある問題だと思われている。でもたぶん、経済学の核にある疑問は、互いに相反する欲求を持つ個人に、希少な資源をどう配分すればよいかである。病院、学校、ショッピングセンターのうち、どれを建てるのがいいかという問題には道徳の側面が強固につきまとう。そして経済と道徳の相互作用に関心を持つ思想家は今もたくさんいる。近年、個人の経済行動の研究が進み、個人は経済的な打算と同じぐらい、道徳的な信念にも動かされることがわかっている。

Chapter 7　社会と経済

167 宗教と経済
Religion and the economy

　宗教も含めた社会規範や信念が国の経済的豊かさにどう影響するかに関心を持つ経済学者が増えている。宗教団体は、ある種の「社会関係資本」（384ページ ⑱ 社会関係資本を参照）とみなすことができる。個人を結びつけるネットワークや関係であり、経済的に便益をもたらす可能性があるもの、それが社会関係資本だ。一方、信仰に伴う制約、たとえば女性が労働市場に参加することに対する制限は市場の拡大を阻害する可能性がある。ドイツの社会学者にして経済学者でもあるマックス・ヴェーバーは、信仰が経済的成果に及ぼす影響を検討した最初の1人である。よく知られているように、彼は、プロテスタントの教義が勤勉を美徳としていたことがヨーロッパの経済的発展を促進したと主張した。倹約と営利は教義となった、とヴェーバーは言う。そうして資本主義が興ったのだ、彼はそう主張した。もっと最近も、経済学者たちは一部のアジア諸国の隆盛を「アジアの価値観」や儒教で説明しようとした。そんな仮説の大部分は、いまだ推測の域を出ない。また、さまざまな社会で宗教がもたらした影響を実証的に抽出するのはとても難しい。

Chapter 7 社会と経済

168 経済学と文化
Economics and culture

　どっちが先なのだろう、経済？ それとも文化？ 古いステレオを友達に売るとして、あなたはタダ同然の価格を口にするかもしれない。友達なのだから、お互いのためを思うものだろう、そう思うからだ。たぶん、友達と贈り物を渡しあうこともあるだろう。そういう行動は経済的資源の配分を変えてしまうが、どうやらそういう行動は文化に基づくもののようだ。人は合理的で利益を最大化するべく行動する、経済学者はそう考えている。でもそれなら、どうして人は友達にできるだけ高い「価格」でものを売りつけたり、贈り物はできる限り安いものにしたりしないのだろう？ オーストリアの経済学者にして人類学者でもあるカール・ポランニーの主張によると、経済の仕組みは社会の文化や社会規範で決まるのであり、経済的な合理性では決まらない。とくに伝統的な社会ではそうだ。現代の経済でも、文化は経済生活を左右する。正統派の経済学者だと、一見すると文化に根差す行動も、その背後には経済的な厳しい打算があるのだと主張するかもしれない。ぼくはきみを助けるけれど、それはきみがぼくを助けてくれると思うからだ。つまり、大事なのはやはり利益や見返りだということである。一方ポランニーは、社会慣習は利益の追求とはまったく異なっていると主張した。

人々が経済の面で合理的なら、ぼくらが贈り物なんてするのはどうしてだろう？

Chapter 7 　社会と経済

169 制度と財産権
Institutions and property rights

　財を売り買いするためには、財産権が必要だ。財産権は尊重されると人々が信用しなければ、経済活動は損なわれるだろう。こうした権利も含め、経済的生活の基本的な要件の分析は、富の創造を理解するために必須である。財産権は、経済学者が制度と呼ぶもの——「ゲームのルール」であって、個人や企業、政府の経済活動を統べるもの——だ。こうしたルールは形式を整えた法律や規制であることも、社会の非公式な規範や慣習であることもある。

　制度派の経済学者は、財産権の重要性を強調する。取引したり投資したり発明したりするインセンティブをつくり出すのに必要なもの、それが財産権であると彼らは言う。政治が不安定であったり政府が略奪を働いていたりすると、財産権は打撃を受ける。同時に、国家の繁栄は市場の成長とともに起きる。だから、繁栄をもたらす制度の組み合わせを特定するのは難しい仕事であり、いまだ結論は出ていない。また、ある国や時代に役立った制度でも、他の国や時代では足枷になることもある。

Chapter 7 社会と経済

マルクス経済学

カール・マルクスにとって、資本主義はダイナミックで革新的な経済体制であり、先立つ封建経済からの大きな進歩だった。しかし彼は、資本主義には矛盾があり、そのせいでいつかは崩壊すると主張した。資本主義の下では、資本家が労働者を雇う。マルクスによると、商品の価値はその商品をつくるのに使われた労働によって決まる。資本家が利益を手にするには、それを上回る価値を生み出し、剰余価値を獲得しなければならない。そうして労働者は、低い賃金と失業の恐れによって搾取される。また、利益は技術革新と分業にも影響を受ける。資本主義の下では、労働者はもはや自分の小屋で絨毯を織ったりはしない。自動織機に糸巻きを据えつけてまる1日を過ごす。それが「疎外された労働」だ。資本主義下での仕事は人々から創造性を奪い、人間同士の結びつきをむしばむ。マルクスの予測によれば、労働者と資本家の間の闘争は、いつか資本主義をひっくり返し、共産主義体制が樹立される。共産国家は崩壊したが、マルクスの思想を形づくる要素と、経済、社会、政治の3つの領域を結びつけた業績は、今日も強い影響力を保っている。

Chapter 7 社会と経済

171 労働価値説
The labour theory of value

　19世紀まで、財の価値はその財をつくるのに使われた労働から生じると信じられていた。50時間の労働でつくられた椅子は5時間の労働でつくられた腰掛けの10倍の価値があるということだ。工場でつくられた財でも、価値は人の労働にさかのぼって決まる。工場でつくられた椅子をつくったのは機械だが、その機械は人が操縦している。機械は別の労働者の手でつくられた。そしてその機械をつくるのに使われた鉄は、また別の労働者の手でつくられている。労働価値説はカール・マルクスと強く結びつけられるようになった。彼は、財の価値が労働から生じているとして、利益が生じるのはどうしてかを検討した。マルクスの主張によれば、資本家は労働者を搾取することができ、労働者から剰余価値を搾り取っている（364ページ **170** マルクス経済学を参照）。

　19世紀以降、経済学者たちは労働価値説から離れていった。つくるのに10時間かかったドレスの価値が、2時間でカットされたダイヤモンドの5倍の価値があるとは限らないのがわかったからだ。価値は人々の欲求、そして市場の需要と供給で決まるのだった。

Chapter 7 社会と経済

172 集権による計画体制
central planning

　共産主義が生まれると、経済思想家たちは社会主義体制と市場に基づく体制の機能を比べるようになった。経済学の古式ゆかしき教義には、市場価格は資源を効率的に配分する、とある。自転車をほしがる人がたくさんいれば、自転車の価格は上昇し、増産が促される。社会主義体制では、中央で計画が立てられ、それで何を生産するかが決まる。そんなやり方でも財を効率的に配分することは可能だと言う人たちもいる。市場の仕組みを模倣して、同時に市場の不公平さを抑制するのだ。オーストリアの経済学者、ルートヴィヒ・フォン・ミーゼスはそんなことは起きないと主張した。市場における需要と供給の相互作用だけが、社会におけるさまざまな財の価値を正しく反映した価格を実現できると彼は言う。何千もの互いに異なる財やサービスを擁する経済は、どこまでも複雑であり、集権によるどんな計画体制でも手に負えない。その結果、人々の求める財と生産される財を一致させようとしても、大きな非効率と間違いが起きるだろう。その後、共産主義国家が直面した問題の1つは、確かにその通りの問題だった。

173 社会的市場
The social market

　1997年にイギリスでトニー・ブレアが政権を握ったとき、「第三の道」が盛んに論じられた。右派と左派の中庸を行く経済運営の道だ。実は、左派と右派を統合しようという試みは、第二次世界大戦直後にまでさかのぼることができる。当時の経済学者が提唱したこのモデルは、社会的市場経済と呼ばれている。

　社会的市場経済体制は、その後ヨーロッパで多くの国に導入され、民間が利益を追求する一方で政府が医療や教育といった財やサービスを提供する、という体制が確立された。また、国は「セーフティ・ネット」も提供した。つまり失業給付や年金など、市場が社会に与える影響の一部を和らげるための給付である。政府の多くは富をお金持ちから貧しい人たちに再分配する税制を敷いた。資本主義の持つ高い生産性とダイナミックな側面を活かしつつ、平等で公平という社会主義の主張に基づいてそれらを和らげようとしたのだ。今日、ヨーロッパ諸国のほとんどでは、市場と、それに対する政府の介入が共存している。

Chapter 7 社会と経済

174 労働組合
Trade unions

　教科書に載っている労働市場には、何百万人もの労働者と何百万人もの雇い主がいる。しかし、産業資本主義の勃興とともに、雇い主は大規模な企業であることが多くなった。労働組合の重要な役割は、そんな強大な雇い主に対抗できるだけの交渉力を労働者に提供することだ。労働者が集団で交渉にあたり、労働者同士では競争しないと協定を結ぶことで、彼らはより高い賃金を獲得できる。雇い主のほうも、むしろ組合を相手にするほうを好むかもしれない。賃金や労働条件を決める作業が単純になるからだ。組合の役割は実際にはそれだけでなく、もっと複雑だ。組合は、労働者と雇い主のやり取りを他にもいろいろ仲裁する。

　経済学者の中には組合を批判する人もいる。彼らの主張によると、組合は組合員の賃金を引き上げるが、非組合員を仕事から締め出して失業をつくり出している。ここ数十年、組合の力を抑えようとする政府は多い。経済を近代化するのに組合が障害になっている、彼らはそう考えている。

Chapter 7 社会と経済

175 不足と割り当て
Shortages and rationing

　正しく機能する市場では供給は需要に等しい。市場価格を支払う気があれば誰でも財が手に入る。対照的に、ハンガリーの経済学者コルナイ・ヤーノシュは、中央集権経済でなぜ不足が起きるのかを示した。

　標準的な市場では、企業は「ハードな予算制約」に直面する。つまり、企業は費用を支払えるだけの収入を得なければならない。そのため、企業は可能な限り効率的に生産を行い、最小の投入で最大の産出を得ようとする。コルナイは次のように主張した。中央集権経済で企業が直面するのは、「ソフトな予算制約」だ。企業が損を出しても国が補填してくれる。その結果、企業は投入を抑え、産出を増やすインセンティブを持たない。そんな企業が湯水のごとく投入を行い、一方産出量は増えなければ、不足が発生し、いつしか財がほしい消費者は列に並ばなければならない状態になる。資本主義経済でもすべての予算制約が「ハード」なわけではない。企業によっては「大きすぎてつぶせない」と位置づけられ、納税者のお金で救済されたりする。2007年から2008年の金融危機後、一部の銀行はそうやって救済された。

Chapter 7 社会と経済

176 経済自由主義
Economic liberalism

　20世紀の経済思想の巨人と言えば、フリードリヒ・ハイエク(右ページの写真参照)とジョン・メイナード・ケインズだ。2人は知的な意味で両極端だ。ハイエクは市場の支配を信じた人であり、一方ケインズは、市場が失敗したら政府が介入する必要があると主張した。

　ハイエクは過激な経済自由主義者だ。彼は市場と自由そのものを同一視した。彼によれば、国が市場に介入するのは自由に対する攻撃であり、それで政治の支配が高まれば全体主義につながる。またハイエクは市場を擁護し、どんな集権体制下での計画よりも、市場は人々をうまく調和させることができると主張した。人々は不確実な環境で局所的知識を駆使して意思決定を行う。そして彼らの行動が価格を動かす。だから市場で実現する価格は、そのときどきの状態に関する、互いにまったく異なる情報をすべて抽出したものである。そうやって「自生的秩序」が生まれる。ハイエクの主張によれば、中央計画体制がそうした情報をすべて集め、解釈することなど決してできはしない。

Chapter 7 社会と経済

177 誇示的消費
conspicuous consumption

　ジェインが新しいコートを買うとする。経済学の標準理論では、財やサービスに対するジェインの嗜好は安定している。嗜好が適切に満たされれば、彼はより幸せになる。そんな彼が特定のコートを買うのは、冬が近づいてきたから、それにデザインが気に入ったからだ。ジェインの嗜好は自己完結している。他の人の判断が彼の嗜好に介入することはない。

　しかし、ジェインがアルマーニのコートを買い、それが自分の豊かな懐を他の人たちに見せびらかすためだとしたら、彼がやっていることはアメリカの経済学者であるソースタイン・ヴェブレンが言うところの誇示的消費だ。この場合、コートに対する彼の嗜好は、他の人たちがどう思うかと結びついている。具体的には、コートがジェイン自身の「高い地位」を物語るところが大事だ。地位を示せる「ヴェブレン財」とは、ジェインなら持てるが他の人には持てない財でなければならない。国が豊かになり、アルマーニのコートを持てる人が増えたとする。ジェインが自分の地位を伝達しつづけるためには、たとえばヨットでも買いはじめなければならない。ヴェブレンはその点を指摘し、誇示的消費は無駄な浪費だと主張した。

Chapter 7 社会と経済

家族の経済学
family economics

　経済学の分析は、標準的には個人と企業から始まるが、個人は家族のメンバーでもある。家族の経済学では、経済学の原理を結婚や子づくりといった、家庭内における資源の配分を分析するのに使う。結婚すれば人々は資源を蓄積し、労働力をさまざまな家庭内の仕事に振り分け、市場リスクを共同で負担できる。家庭の中でもそれぞれ選好は異なりうるから、資源がどう使われるべきかについて意見は違っているかもしれない。研究によると、父親に比べて母親は子供のための支出をより重視する。この傾向に基づいて、発展途上国では、家庭の資源の管理を母親に担わせようという政策がとられていることがある。そうすることで、子供の食事や教育を改善できれば、というのだ。また家族の経済学は、繁殖行動も研究し、子供の「数」と「質」を区別している。教育の期待収益が大きければ親は子供の数を少なくする一方、子供1人当たりの教育にはもっとお金をかけるかもしれない。つまり数より質を選ぶ。経済が大きく変化すれば、このトレードオフも変わるかもしれない。

発展途上国におけるマイクロクレジット制度は、小額の融資を、事業を始めようという女性に提供することに焦点を合わせていることが多い。その背景にあるのは、母親のほうが賢く投資を行う可能性が高いという考えだ。

社会と経済

179 性別
Gender

　経済学の標準理論は性別についてほとんど何も言っていない。経済は、企業と、合理的で性別のない個人のやり取りでできている。しかし近年、経済学者の中にも、性別の役割をもっと詳しく検討する人が出てきた。彼らの主張によると、「合理的経済人」から始める普通の考え方では、女性たちが突きつけられた偏見や力の格差を扱えない。そればかりか、従来のやり方で経済を測ると女性の貢献を正しく考慮できない。女性は家庭内で膨大な仕事をこなしている。子供や親族の面倒を見たり、料理や掃除をしたりといった具合だ。そうした仕事では、普通、経済の中で正式に賃金を払われないため、国民所得には反映されない。マクロ経済政策も、男性と女性に異なる影響を及ぼしうる。政府支出の削減は往々にして女性により大きな影響を与える。医療や教育に関する政府支出が減ると家庭で彼女たちの責任が大きくなるなら、とくにそうだ。GDPを批判する人たちは、この指標は経済発展を一部しか測れていないと主張する。人間の幸せは幅広い要因に左右される。女性の社会的地位もその1つなのである。

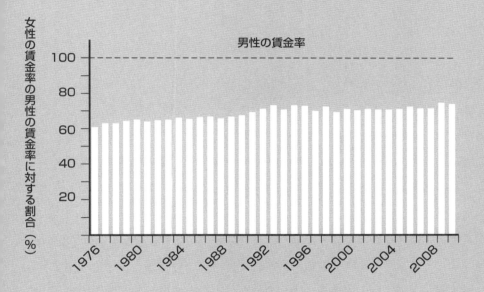

この1976年から2011年のカナダに関するグラフが示すように、期間を通じて、女性の賃金率は男性に及ばない。

社会と経済

180 社会関係資本
Social capital

　伝統的に、経済学者が資本と言えば物理的な資本を指す。ベルトコンベア、送電線、旋盤などのことであり、資本と労働力を使って財がつくられる。しかし近年、経済学者は社会関係資本を扱い出した。おおまかに言って、社会関係資本とは人同士の結びつきであり、社会的ネットワークや信頼を築く資本である。機械と同じように、社会関係資本も生産過程に投入される要素であり、大きな社会関係資本があれば経済活動は活性化する。

　経済生活を形づくる市場での交換と情報の共有は、社会関係資本に依存している。信頼がなくては、最も基本的な経済活動さえ行いにくいだろう。社会的ネットワークに属することで、個人は市場の機会や仕事の存在を知ることができ、お互い協調することも可能になる。経済学者たちは社会関係資本の大きさを計測し、それを国の経済的繁栄に結びつけられないかと試みてきたが、同時にこの概念は批判も受けている。一部の人たちは、社会関係資本は救いようもなくあいまいな概念であり、この概念では経済の性能をよく説明できないと主張している。

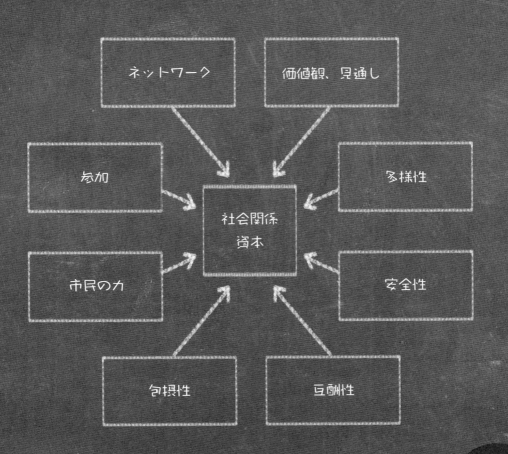

181 経済改革
Economic reform

　経済改革は、どんな経済システムにも起こりうる。自由な市場から国営企業、共産主義体制まで、どこでも行われうる。経済改革には、政府がさまざまな行動をとり、経済システムの性質を変え、できるものなら改善しようとする政策が含まれる。よく知られた例の1つに、東ヨーロッパで共産主義体制が崩壊したのちに行われた「ショック療法」的な改革がある。このときは、東ヨーロッパ諸国は一気に市場の力にさらされた。アフリカ諸国でも同じような改革が行われている。こうした改革の結果はまちまちだ。その後、改革計画はより広範になり、法制度や政治制度も含むものになった。市場がうまく機能するためにはそれらも必要だからだ。有利な条件で始まった改革も、ときとして脱線することがある。改革は、政治的な力を持つ人たちの特権を脅かすことが多いからだ。外国に門戸を開けば国際的な競争にさらされて地位が脅かされる事業家などがそうである。価値ある改革の費用と便益がどういきわたるのかはわからない。だから、損をする側になる危険を避けるべく、人々は改革に反対するかもしれない。こうした問題があるので、経済改革は政府のとる行動の中でも最も複雑で不確実なものの1つである。

Chapter 7 社会と経済

Chapter **8**

成長と開発

Growth and development

貧困と不平等を解決するための

19ワード

182 成長とその源泉
rowth and the sources of growth

　経済学の創始者の1人であるアダム・スミスは、自分の代表作を『諸国民の富』と名づけた。一方に豊かな国があり、他方に貧しい国があるのは何が違うからかという問題は、今もこの学問にとって最大の関心事の1つである。今日、経済学者たちは、成長の源泉を探求することでこの問題に取り組んでいる。

　成長とは、単純に、国の産出量が拡大していく割合である。この成長率がほんの少し違うだけでも、長い間に生活水準に大きな違いが出る。30年にわたって年4％で成長した国は、同じ生活水準だったが成長率が3％だった国に比べ、3分の1もより豊かだ。貧しい国だと、成長率がほんの少し違うだけで、子供たちに病気の予防接種を提供できるかできないかが違ってくるかもしれない。単純に言えば、生産過程に投入される要素——資本、労働、技能——が増加するとき、および技術革新によって同じ投入量でよりたくさん産出ができるようになるとき、経済は成長する。どうすればそれらが起きるか、また国によってはそれらが簡単に起き、国によってはそうならないのはなぜかを理解すること、それが経済学の聖杯である。

```
労働  ─┐
資本  ─┤
技能  ─┤──→ 経済成長
技術革新 ─┘
```

Chapter 8 成長と開発

183 生活水準と生産性
Living standards and productivity

　経済の生産性が上昇すると、生活水準は上がる。新しい技術で、労働者が1日に生産できる財は多くなったとする。経済に出回る財は増え、賃金は上昇、生活水準は改善する。国に存在する資本や労働力も、生産性の上昇をもたらしうる。ある国で、資本に比べて労働力が希少だったとする。賃金は高いが、機械や燃料の価格は安い。この場合、企業には機械を増やすインセンティブが生じ、設置された機械の性能が上がれば経済の生産性は上がる。産業革命のとき、イギリスで起きたのはそういうことだと主張する人もいる。

　　　　　　生産性の上昇をもたらす要因にはもう1つ、市場規模がある。市場が大きいと、規格化された製品を大量に生産することでコスト優位が得られる。これはアメリカ経済の初期の成長に欠かせない要因だった。競争もまた、生産性の上昇を後押しする。しのぎを削りあっている企業は、もっと生産性を高くするにはどうすればいいかを模索するからだ。

Chapter 8 成長と開発

184 経済の収斂
Economic convergence

1950年代の半ばにロバート・ソローが提唱した経済成長の理論は、長期的には諸国の生活水準は収斂すると予測した。つまり、貧しい国は豊かな国に追いつくだろうというのだ。貧しい国はスタート地点が低いことでそこから高い成長を遂げられる、というのが彼の考えだった。国に資本、つまり工場や道路、機械がほとんどないなら、新しい投資で大きな成長が遂げられるはずだ。国が豊かですでに膨大な資本ストックを擁していると、新しく投資をしても成長に大きな影響は与えられない。それなら、長期的には国が豊かになるにつれて成長は鈍くなるはずである。

理論はどれもそうだが、ソローの理論も単純化のための仮定に強く依存している。とくに重要なのは、すべての国は同じ技術の蓄積を利用できるという仮定だ。現実には、最新の技術へのアクセスには、ありとあらゆる経済的、政治的、社会的な障壁が存在する。一部の国々、たとえば韓国やその他のアジア諸国は西側の工業国に何とか追いついたが、多くの国々にとって、収斂はいまだ「絵に描いた餅」である。

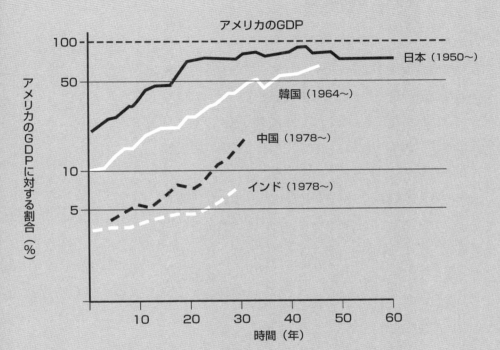

アジア諸国の一部について、戦後の1人当たりGDPをグラフで見ると、発展初期の成長率がどれだけ高いかがわかる。
また、その後成長はなだらかになり、他の国が追いついてくる。

成長と開発

185 内生的成長
Endogenous growth

　初期の成長理論では、長期的な経済成長を生み出す技術革新は経済の外で生まれると考えられていた。つまり、成長は「外生的」だと考えられていた。1980年代の半ば、新派の理論が興り、技術は経済の内にある要因で生まれる、だから成長は「内生的」だと主張した。

　旧来の考え方では、すべての国は同じ外生的な技術革新にアクセスできることになっていた。資本投資が与える影響は、国にすでにある資本が大きければ大きいほど小さくなる。だから国が発展するにしたがって成長は鈍化し、貧しい国は豊かな国に追いついていくと考えられていた。内生的成長理論でこの考えが怪しくなった。この理論では、技術は経済的インセンティブに基づく発明で生まれる。ある企業が発見した新しい技術や知識は、他の企業の生産性向上も後押しする。この理論では、国が発展すると起こる資本の成長の逓減は、その影響で相殺され、だから国の成長は必ずしも鈍化しない。

オートメーション化された生産ラインなど、技術革新のための投資で、豊かな国は成長を続けることができる。

Chapter 8　成長と開発

186 技術
Technology

　技術革新は、長期にわたって生活水準を引き上げていくのに欠かせない。技術革新で生産される財の量や種類は増えていく。ただ、新しい技術による機械化で労働力が陳腐化するから、技術革新は失業をもたらすと懸念する人もいる。実際には、新しい技術で労働者それぞれの生産性が上がり、労働需要はむしろ高まるかもしれない。経済にまったく新しい業種が生まれ、それで新しい雇用機会がもたらされる可能性すらある。

　電気などの「汎用技術」には革命的なものがあり、経済のあらゆる分野の生産性を引き上げる。技術革新には、それ以外にも、たとえば効率のいいオーヴンなど、特定の分野の生産性だけを引き上げるものもある。新しい汎用技術が導入されると、経済は土台から変貌し、経済成長に新しいパターンをもたらす飛躍が起きる。18世紀から19世紀にかけて、蒸気機関がそんな飛躍をもたらした。今日では、情報技術が飛躍をもたらしている。

187 人口増加
Population growth

　増えつづける人口を私たちの惑星は支え切れるのだろうかという懸念は最近だけのものではなく、18世紀イギリスの人口学者トーマス・マルサスの予測にまでさかのぼることができる。彼は、人口の増加がイギリスの繁栄を脅かしていると考えた。イギリスは、当時以上の生活水準をもはや続けられないと彼は主張した。第1に、生活水準の向上で死亡率は低下する。人々の栄養状態がよくなるからだ。第2に、それで人々がつくる子供は増える。その結果、人口は増えつづけるだろう。国土面積は変わらず、その国土で生産できる食糧には限りがあり、それで生きる人の数が増えれば、食糧生産は追いつかなくなる。だから生活水準は下がり、人々は食うや食わず、あるいは生きていけるかも怪しい状態に追い込まれる。

　もちろん、マルサスの予測は当たらなかった。技術革新でイギリスでももっと食糧を生産できるようになり、生活水準は改善、同時に人口も増えた。今日、一部の非常に貧しい国は、確かにマルサスの罠に陥り、高い人口増加率が貧困をもたらしているように見える。しかし、最も豊かな国々はそんな状態をとっくに抜け出している。

188 工業化と近代成長
Industrialization and modern growth

　高い成長率と高度な発展を遂げる過程で、国は必ず工業化し、土着の農業社会を脱していくことになる。ロシア生まれの経済学者サイモン・クズネッツは、その過程に伴って起きる経済と社会の一連の変化を「近代経済成長」と呼んだ。

　近代経済成長の過程にある社会では、人口の増加と並行して生活水準も向上する。人口の増加は所得の低下をもたらさない。この変化を駆動するのは「構造転換」だ。労働者は、田畑や家族経営の事業を離れ、都市部の大企業や工場に移る。国民所得に占める工業生産の割合は上昇を始め、それとともに、より幅広く文化にも変化が起きる。政教分離などがそうだ。イギリスは、18世紀から19世紀の産業革命で近代成長を成し遂げた。ヨーロッパ諸国やアメリカなどがすぐそれに続いた。しかし、移行を成し遂げていない国はまだたくさんある。近代成長を起こす要因が厳密に言うと何なのか、まだ解明されてはいない。

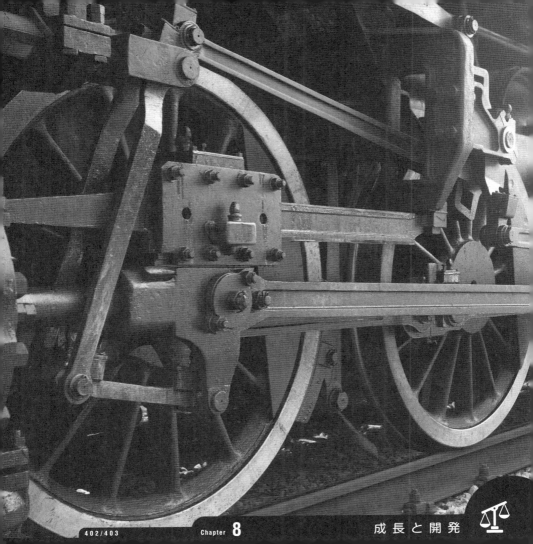

189 創造的破壊
creative destruction

　「創造的破壊」という言葉は、資本主義の発展は穏やかには進まないことをうまく捉えている。新しいものをつくり出すには、古いものを破壊しなければならない。オーストリアの経済学者ヨーゼフ・シュンペーターは、経済発展をもたらすのは、創造力が高く、リスクをとれる起業家だと主張した。起業家は新しい製品を生み出し、それを販売する新しい市場をつくり出す。ラップトップ・コンピュータやCDプレイヤーのことを考えてみるのがいいかもしれない。それまでは存在しなかった製品であり、発明した人たちは成功する保証なんてない中でそんな製品をつくり出した。新製品を世に出した企業はしばらくの間、大きな利益を手にする。そんな利益があげられるからこそ、発明をしようという努力が行われるのだ。しかし、そのうち他の企業も同じような製品を売りはじめ、市場の成長は止まる。

　この考え方では、不況は、古い行き詰った企業を一掃し、新しい世代の起業家に道を拓くために必要な要素である。これは標準経済学の見方とは異なっている。標準経済学では、市場の「見えざる手」（50ページ❶❶❾ を参照）が資源を最適に配分する。

発明と創造的破壊の循環

```
発明 → 新製品 → 大きな利益 → 利益の減少 → 一部企業の破たん → 起業家の勃興 → 発明
                              ↑
                         他社が製品を模倣
```

成長と開発

190 開発経済学
Development economics

　開発経済学は、貧しい国々の経済の仕組みを調べ、そんな国々がどうすれば豊かになれるのかを研究する。経済学者には、貧しい国でも豊かな国でも物事を動かす経済法則は本質的に変わらないと考える人もいる。一方、貧しい国々が直面する問題は独特で、だからそうした国々に対象を絞って扱う理論が必要だと考える人もいる。初期の開発経済学では、貧しい国の経済に必要なのは「強い後押し」だと考えられていた。新しく港を建設しても、それが役立つには道路網が必要だ。しかし、道路網を構築して意味があるのは、道路がどこか港のような場所につながっているときだけである。この鶏が先か卵が先かという循環論を克服するには、国が仲立ちして、同時進行で相互補完的な幅広い投資をまとめて行わせればいい。民間の市場でそういうことはなかなかできないだろう。

　1970年代には、この考え方は廃れた。この頃、経済学者たちは、国が介入しすぎて市場が役目を果たせないと、発展途上国は行き詰ると主張した。1980年代、世界銀行と国際通貨基金は自由な市場を重視する改革を取り入れた。このやり方でも結果はさまざまであってあてにならず、開発経済学の最近の関心はもっぱら、国がもっとうまく機能するよう促すにはどうすればいいかに移っている。

Chapter 8 成長と開発

191 貧困ライン
Poverty lines

　社会の貧しさを測る方法の1つに、所得がいくら以下なら貧困だとするかを定義するやり方がある。そんな「貧困ライン」の例としてよく引き合いに出されるのは「1日1ドル」だが、そもそも貧困ラインはどうやって引くべきだろうか？ 経済学者にとって大事なものと言えば、お金そのものよりもむしろ厚生や「効用」であり、それなら何か、最低限の効用をもたらす水準を定めてはどうかとも考えられる。主観的に厚生を測る指標を使えばいいだろう。別のやり方として、もっと客観的な指標、たとえば最低限必要なカロリーの水準などを使う方法もある。

　相対的な貧困と絶対的な貧困の間には、1つ決定的な違いがある。絶対水準での貧困は生物学的な基準で決まるのに対し、相対水準での貧困は平均所得に対する割合で決まる。相対的な貧困ラインの場合、貧困層に入る人たちがいつも必ず存在する。テレビと携帯電話を持っている人が貧困層に分類されることもありうる。貧困ラインという指標にも欠点がある。すでに貧困ラインの下にいる人たちがいっそう貧しくなっても、貧困率は上がらない。

Chapter 8 成長と開発

192 権原理論と飢饉
entitlement theory and famines

　ときどき、飢饉が起きるのは、凶作のときなどのように食糧が足りないからだと思われていることがある。1980年代の初め、インドの経済学者アマルティア・センは権原理論を発展させ、飢饉が起きる原因はもっと複雑だと示した。彼の理論の言う「権原」とは、家計が自ら生産したり購入したり政府から受け取ったりして手にすることができる財やサービスを指す。貧しい国々でも、自ら食糧を生産する人は多くない。多くの人は働いて賃金を手にし、それで食べ物を買う。食べ物の価格に対する賃金の割合が、食糧に関する権原を強く左右する。飢饉が起きるのは、この権原が生存に最低限必要な水準を下回ったときだ。つまり、賃金の下落や物価の上昇でも飢饉は起こりうる。地元の食糧生産量が実際に減少したかどうかではないのだ。1940年代にベンガル地方で起きた飢饉がそうだった。このとき、賃金は下落、食糧は高騰した。食糧供給全体にどんな変化が起きるかより、物価変動のトレンドのほうが大きく状況を左右するのである。

Chapter 8 成長と開発

193 債務減免
Debt relief

　20世紀の後半、貧しい国々の多くが膨大な債務を抱えていた。そうした債務が問題になるのは、成長率の高さが不十分で債務を返済できるだけの財源が得られないときである。1990年代になって、膨大な債務負担と経済の不振で、債務の元利払いができなくなる国が多数発生した。そうした国々の経済危機に対して行われたのが債務減免であり、具体的には返済額の大幅な削減と支払い期日の変更である。経済学者の多くが、そうした国々に融資をしている西側諸国や国際機関は借金を棒引きするべきだと主張した。債務額は莫大であり、満額の返済を実行するためには、発展するのに不可欠な投資まで削減しなければならない。債務を減免すれば、そうした国々の成長を後押しできる。債務減免を支持する理由にはもう1つ、債務の大部分は、以前の腐敗した体制や正当とは言えない政権がつくったものである点が挙げられる。アパルトヘイト後の南アフリカは、アパルトヘイト政策を敷いていた政府の残した債務を、果たして返済しなければならないものだろうか？　一方、債務減免にも批判はあり、間違った政策や腐敗を助長すると主張する人もいる。

債務減免の目的は、貧しい国々が利息よりも学校にお金を遣えるようにすることである。

Chapter 8　成長と開発

194 従属理論
Dependency theory

　経済学者の大部分は、国家間の貿易は「どちらにとってもお得」だと考えている。従属理論は第二次世界大戦後に生み出された理論で、それとは激しく異なる考え方だ。この理論の核は、先進国と発展途上国の間の貿易はそもそも不平等であり搾取であるという考えだ。豊かな国は貧しい国から原材料を買い、それで製造業に携わる。そうして製造された財は主に先進国同士の間で取引される。豊かな国が貧しい国に投資するのは搾取するためであり、地元経済を発展させるためではない、従属理論はそう主張する。

　関連する概念に「交易条件」があり、これはある国が輸出することでどれだけ輸入できるかを指す。交易条件は貧しい国に不利に動くことがときどきある。原材料価格が製造品価格に比べて下落するときがそうだ。従属理論を支持する人たちによれば、そうやってできたのが、「中心」にある先進工業国はますます豊かに、「外縁」にある取り残された国々はいっそう貧しくなっていく構図だ。「アジアの虎」諸国（420ページ **197** を参照）の隆盛で、従属理論の懸念はぬぐい去られたか、少なくとも従属理論の主張には深刻な疑問が投げかけられた。

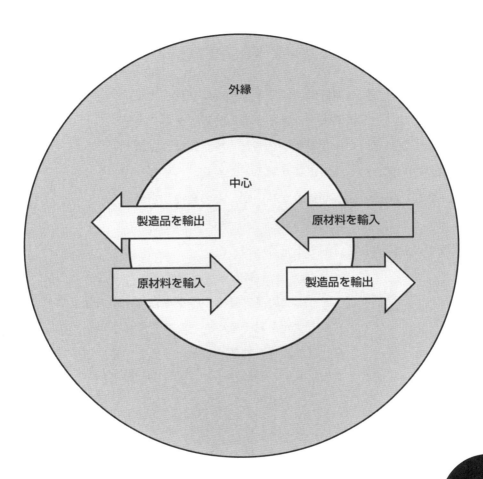

195 不平等と成長
Inequality and growth

　成長と不平等の間の関係は、経済学で熱心に研究されている題材であり、一般にも大きな論争を呼ぶ分野である。ある見方では、経済発展自体が不平等をもたらす。農業が圧倒的に経済の中心を占める国に工業が興ると、当初、不平等が起きる。新しい業種のほうが賃金が高いが、その業種が経済全体に占める割合はとても小さいからだ。別の見方では、20世紀後半の経済成長で貧困も不平等も減った。

　　さらに別の見方では、不平等自体が経済発展にどんな影響を及ぼすかを考えるべきだとする。経済学者の中には、不平等は経済成長を抑圧するという人もいる。不平等な経済では資本ストックを持つのは一握りの特権階級だ。人口の大部分は資本など持つことはなく、公共サービスを賄うために税率は高くしてほしいと考える。選挙ではその大部分が多数派なのであり、成長は資本蓄積の上に成り立つものだから、彼らの望む政策では、実際には経済成長は鈍化する。

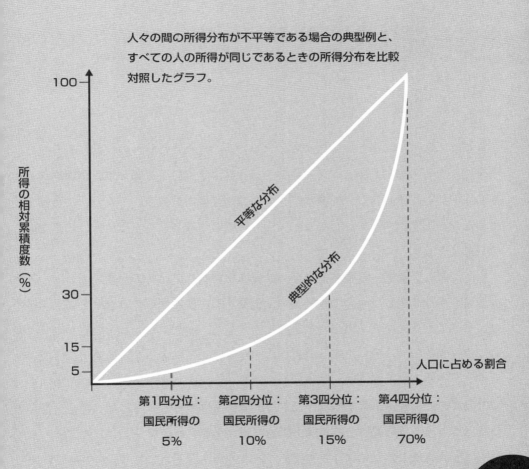

196 人的資本
Human capital

　資本は、機械や工場といった財でできている。そうした財への投資があるから、将来にわたって財やサービスを生産できる。経済学は、この考え方を物理的な資本から人間へと拡張した。人的資本は、人々の生産能力を指す。つまり、耕運機を操縦したり、高層ビルを設計したり、貸借対照表を作成したりする、人の技術や能力のことである。

　企業が新しい機械を設置して物理的な資本を蓄積していくのと同じように、人々は教育や訓練を通じて自分の人的資本に投資する。企業が新しい機械を購入するのは、それで将来利益をあげられると考えるからだ。同じように、労働者が自分の教育に投資するのは、それでもっと高い賃金が稼げると考えるからである。労働者の賃金は、労働者が追加でつくった生産物に等しい。それなら、人的資本が増加すれば労働者の生産性は上昇するわけだから、雇い主は彼らにもっと高い賃金を喜んで払うだろう。熟練労働者と非熟練労働者の賃金格差を技能プレミアムと言う。人的資本は経済成長に欠かせない要素であり、人的資本が不足すれば経済発展はひどく損なわれてしまう。

Chapter 8 成長と開発

197 アジアの虎
The Asian Tigers

　20世紀の最も劇的な経済発展の1つに、アジアの虎と呼ばれた香港、韓国、シンガポール、台湾の変貌がある。これらの国々は、貧しい小国から発展を遂げて先進国に仲間入りし、生活水準はヨーロッパ諸国やアメリカと肩を並べるまでになった。人によっては、これらの国々が成功したのは、国が余計なことをせず、市場が自由に機能できるようにしたからだと言う。また人によっては、これらの国々は「開発主義国家」だと言う。政府は最も基本的な公共財を提供することに専念し、市場に介入するべきではないというのが伝統的な経済学の教義だが、これらの国々の政府はその教義に外れた道を選んだ。後者の主張は、これらの国々の政府は独裁的で介入志向が強い点を重視する。こうした政府は市場を愛でるが、同時に、市場を方向づけようともする。たとえば、特定の産業に生産を傾けたりする。何が本当であるにせよ、間違いなく言えるのは、これらの国々の経済は独特の構造をしているということだ。もっと最近になって、中国の経済も伸びはじめた。この国の経済でもやはり、政府の介入と市場のインセンティブが独特の混ざり方をしている。

Chapter 8 成長と開発

198 非公式経済
The informal economy

　経済的生活は敷石の間に生える草のようなもので、民間企業と国家官僚が跋扈する公式経済の部門と部門の間にあいた割れ目からも芽を出してくる。道端にガラクタを並べて売る行商人、靴磨きの少年、通貨の闇業者といった人たちは皆、いわゆる非公式経済の一員だ。非公式経済はさまざまな時代に出現している。そして今もさまざまな社会に存在している。

　近年、発展途上国経済の非公式部門に関心が集まっている。そうした国々では、非公式経済が経済活動の大きな割合を占めている。非公式経済は、法規制や税制の公式な対象ではないので、計測するのは難しい。発展途上国の多くで、都市部の人口は膨張していく。地方から人が仕事を求めて移住してくるからだ。そうした人たちの多くは、経済の非公式部門に行きつくことになる。開発政策の一部には、経済のこの部分にいる人たちを支援するのを目的にしているものもある。たとえば、彼らに融資を提供する政策がそうだ。彼らは自分では銀行から資金を借りられないからである。

Chapter 8 成長と開発

199 枯渇性資源
Exhaustible resources

　枯渇性資源とは埋蔵量が有限の資源を指す。石炭や石油がそうだ。使いつづければ、いつか使い果たす。経済学的には、枯渇性資源は金融資産と同じようなものだ。理論の1つによると、枯渇性資源から得られる利益（価格と費用の差）は金利に等しい成長率で増えていくはずだ。石油から得られる利益の成長率が金利よりも低いと、油田の保有者は埋蔵量を全部掘り出して売り払い、代金を銀行に預けるだろう。それで得られるのは金利だ。彼らのそんな行動で、今日の価格は下がる。将来の価格を一定とすれば、利益はやっぱり金利と同じ割合で増えていく。そういうわけで、枯渇性資源の価格は、埋蔵量の減少とともに徐々に高まっていく。でも実際には、天然資源の価格は、よく、長期にわたって下落する。

　一般的には、資源がいつ枯渇するかはわからない。それに技術革新で効率的に発掘できるようになったり、資源の効率的な使用が可能になったりして、枯渇する時期は先に延びる。でもたぶん、本当にわからないのは、そんな先延ばしがいつまでも可能なのかどうかだろう。

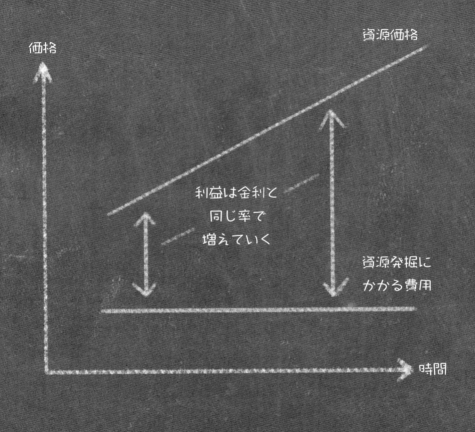

環境と集団行動

気候変動は、世界に巨大な集団行動問題を突きつけた。スペインの企業が温室効果ガスを排出しているとする。排出で利益が減るならこの企業は排出を制限するだろうが、他社と同じように、この企業も他社の排出が与える影響は考えない。スペインだろうが、フランスだろうが、ドイツだろうが同じことだ。集団行動問題をもう1つ別の視点から見ると、環境保護は経済学者が言うところの「公共財」(64ページ 026 公共財とタダ乗りを参照)である。環境を保護しようという他人の努力にタダ乗りできるなら、なぜ自分が保護の費用を負担しなければならないのか、という疑問に直面することになるからだ。

気候変動について言えば、これは喫緊の問題である。というのは、膨大な費用が発生するが、それは将来であり今ではないからだ。解決策の1つに、公害排出を割当制にする、というものがある。ただ、これは守らせるのがとても難しい。もう1つ、公害の排出に課税するやり方がある。排出権取引制度は、公害の排出権の市場をつくり出そうという試みであり、企業に自分の排出する公害の費用をすべて負担させようとするものだ。このやり方をすれば、排出を容易に減らせる企業は、できる限り排出を減らそうとするだろう。

Chapter **8**　成長と開発

用語集

インフレ（インフレーション）
一般物価水準の上昇。つまり、財やサービスの多くの価格が上昇すること。

寡占
一握りの大企業が市場を支配する状況。通常の市場の原理と異なり、それら大企業の意思決定はお互いに影響を与えあう。

株式
企業の所有権。公開企業の株式は証券取引所で取引され、発行企業の経営に対して口を出し、利益の分配を受ける権利を伴う。

為替レート
ある通貨、たとえばイギリスポンドの、別の通貨、たとえばアメリカドルとの関係で測った価格。

関税
輸入に対して課される税金。関税で政府は収入を得る。一方、外国の財への需要は減少する。

間接税
購入された財に課される税金。獲得さ

れた所得に課される直接税の対概念。

機会費用

ある選択肢を選ぶとかかる費用であり、2番目によい選択肢で計測される。たとえば、病院のために新しい機材を購入することの機会費用は、そのお金で買えたであろう学校用のコンピュータであったりする。

供給

企業が特定の価格で売る気になる財やサービスの量。通常、価格が上昇すれば供給は増加する。

競争

企業が多数の他社と、買い手を獲得しようと競いあう状況。その結果、価格や利益は下落する。

金融政策

経済に流通する貨幣量を増減させるべく、政府や中央銀行がとる行動。

限界収入

企業が販売を少しだけ増やしたときに得られる追加の収入。

限界費用

企業が生産を少しだけ増やしたときに

発生する追加の費用。

国際収支

ある国の居住者と別の国の居住者との間で行われた取引の記録。財やサービスの輸出入や、投資や融資による資本移動を含む。

国内総生産（GDP）

1国内で1年間に生産された財やサービスの価値の合計。国民所得を測るのに広く用いられている。

債券

金融商品であって、企業や政府が資金調達のために発行する。債券の購入者は発行者に資金を貸し付け、代わりに利息の支払いを受ける。

財政政策

課税や政府による支出の水準を設定することであり、経済内の需要の水準に影響を与えること、および所得の再分配が目的である。

債務

借り手が貸し手から借りているお金。債務を負う主体には個人、企業、政府などが含まれる。

資本

生産のための財。機械や工場であり、それを使って、消費するための財、たとえば缶詰スープや靴を生産する。

収入

何らかの数量の財を販売することで企業が得るお金の額。

需要

特定の価格で買い手が買おうとする財やサービスの量。通常、価格が下がると需要は増えるが、このパターンには例外もある。

消費

財やサービスへの支出であり、個人の欲求を直接的に満たすことを目的とする。レストランでの食事代は消費であり、レストランによる新しいオーヴンの購入は消費ではない。

人的資本

人々の経済的な生産能力。人的資本の価値は訓練や教育で高められる。

生産性

原材料を使って財を製造するときの効率。より少ない投入でより多くが産出できるとき、生産性は高い。

用語集

直接税

税金を支払う人と課される人が同じであり、税務当局に直接納められる税金。勤労者に対する所得税など。

貯蓄

所得のうち、財やサービスに支出されず、代わりに将来に予想される支出のためにとっておかれた部分。

デフレ（デフレーション）

インフレの逆。経済の一般物価水準が下落を続ける状況。

投資

機械などの資本財への支出。購入された資本財は他の財、たとえば最終的に消費者に購入される財を生産するのに使われる。企業は、自社の資本ストックを拡大したり更新したりするために投資を行う。

独占

ある財やサービスの供給者が1社だけである状況。競争がないため、独占企業は価格を吊り上げることができる。

費用

企業が何らかの水準で生産を行うため

に必要とするお金の額。費用には、原材料や労働を購入するための支出が含まれる。

不況
経済の産出量が減少する期間であり、通常は失業率の上昇と物価の下落を伴う。

物々交換
財の直接の交換。たとえば魚とトマトの交換など。貨幣を介在させない。物々交換は貨幣を使った交換に比べて非効率だ。取引のどちらの側も、取引可能な財を持っていなければならないからである。

分業
生産過程を段階に分け、各段階の作業はその作業に特化した労働者が担う生産方式。分業は現代の生産過程の重要な特徴である。

利益
収入と費用の差であり、利益追求企業が追求するもの。

索引

ア行

アウトソーシング　166
アレ、モーリス　94
アローの不可能性定理　68
イースタリン、リチャード　256
イールドカーブ　128, 129
一般均衡理論　48
移転支出　204
インセンティブ　76, 80, 91, 100, 178, 186, 246, 250, 278, 279, 294, 296, 300, 362, 374, 392, 396, 420
インフレ　110, 112, 114, 212, 216, 218, 222, 224-226, 228, 232, 246, 260, 262, 288, 428, 432
インフレーション・ターゲティング　272, 273
インフレ税　110, 232
インフレ率　114, 115, 216-219, 224, 234, 268, 272-274, 282, 352
ヴェーバー、マックス　358
ヴェブレン財　378
ヴェブレン、ソースタイン　378
エンゲル、エルンスト　32
エンゲルの法則　32
オークション理論　84

カ行

開発経済学　406
外部性　56, 58, 62, 312
価格差別　180
価格弾力性　44
下級財　26, 46
寡占　174, 428
株式　98, 106, 120, 121, 124, 134, 140, 142, 154, 336, 337, 428
株式市場　124, 126, 132, 144
貨幣　98, 100-102, 106, 108, 110, 112, 222, 224, 230, 232, 244, 260, 262, 266, 346, 433
貨幣需要　106-108, 223, 231, 276, 277
貨幣数量説　230, 244
貨幣創造　104, 232, 262
カルテル　88, 178, 308
為替レート　332, 333, 342, 344, 346, 348, 352, 428
関税　293, 322, 324, 326, 332, 428
間接税　292, 293, 428
完全競争市場　168
機会費用　22, 429
希少性　16
規制　60, 104, 168, 170, 172, 184, 212, 278, 304, 310, 311, 322, 338, 362, 422
ギッフェン財　46, 47
技能プレミアム　418
規模の経済　162, 163, 172
逆選択　80, 81
供給　31, 40, 41, 48, 50, 56, 64, 86, 108, 134, 138, 164, 170, 172, 178, 184, 206, 207, 212, 230, 242, 244, 248, 262, 278, 291, 302, 304-306, 308, 323, 342, 344, 346, 352, 353, 366, 368, 374, 429

共有地の悲劇　60
均衡　40, 48, 286
金本位制　346
金融工学　130
金融政策　100, 216, 222, 260, 262, 264, 270, 272, 282, 344, 350, 429
金利　14, 34, 100, 104, 106-108, 114, 117, 120, 122, 128, 129, 144, 200, 222, 223, 234, 246, 260, 262, 264, 266, 272, 276, 277, 282, 286, 344, 350, 352, 424, 425
クールノー、アントワーヌ　174
クズネッツ、サイモン　402
クラウディング・アウト　266, 276
グローバリゼーション　326, 338, 340
景気循環　208, 246, 267, 284, 286, 350
景気の腰折れ　208
経済危機　130, 254, 264, 266, 272, 324, 350, 412
経済人　14, 18, 92, 382
経済成長　136, 200, 254, 391, 394, 396, 398, 416, 418
ケインジアン　242, 244, 266, 280
ケインズ、ジョン・メイナード　202, 238, 267, 376
限界効用　38
限界収入　150, 151, 160, 177, 429
限界税率　294, 296
限界費用　150, 151, 160, 161, 310, 429
権原理論　410
健康保険　80, 300
現在価値　34
顕示選好　20
公開市場操作　264

公共財　64, 276, 420, 426
恒常所得　236
厚生経済学の定理　54
構造的財政赤字　284
行動経済学　92
効用　18, 20, 38, 53, 408
合理性　14, 94, 140, 186, 360
効率的市場仮説　134
効率的賃金仮説　250
合理的期待　234, 274
コース、ロナルド　62
国際収支　320, 321, 430
国内総生産（GDP）　194-197, 204, 241, 256, 285, 288, 337, 382, 395, 430
国民所得　108, 116, 196, 198, 202, 204, 241, 257, 382, 402, 417, 430
固定相場制　344
古典派　244, 328
古典派の二分法　244
固有リスク　126

サ行

債券　106, 108, 114, 120, 124, 128, 336, 337, 430
財産権　362
財政赤字　232, 246, 284-287
財政政策　241, 260, 266, 267, 430
最低賃金　304, 306
参入障壁　168, 184

幸せ　18, 20, 30, 38, 256, 378, 382
幸せのランニング・マシン　256
死荷重　294
時間選好　34
シグナル　82, 190
市場の失敗　56, 57, 66, 138, 300
システマティック・リスク　126, 127
自生的秩序　376
自然産出量　212, 213, 220
自然失業率　220, 221, 272
自然独占　172, 310, 311
失業率　210, 212, 216-221, 272, 274, 282, 284, 433
実質金利　114, 206, 222, 224
実質賃金　112, 218, 224, 251, 252, 274
資本移動　320, 321, 335-337, 430
資本資産価格モデル（CAPM）　126, 127, 134
社会関係資本　358, 384, 385
社会主義　368, 370
社会的市場経済　370
社会保障　300
収穫逓減の法則　158
収穫逓増　156
囚人のジレンマ　88
集団行動　178, 426
自由貿易　322
需要　24, 25, 28, 31, 40-44, 46-48, 50, 70, 86, 106, 108, 134, 177, 206, 207, 210, 216, 226, 238, 242, 248, 254, 266, 276-278, 282, 290, 291, 304-306, 342, 344, 352, 353, 366, 368, 374, 428, 430, 431
循環的財政赤字　284
シュンペーター、ヨーゼフ　404

勝者の呪い　84
乗数効果　238, 266
消費　3, 16, 24, 26, 28, 34, 36, 38, 42, 59, 116, 194, 199, 200, 202, 236-238, 280, 288, 302, 431
消費者物価指数　228
消費者余剰　30
消費税　292, 293
情報の失敗　138
所得効果　28, 46
人的資本　418, 431
信用収縮　138
推移性　94
スクリーニング　82
スタグフレーション　218, 219
スミス、アダム　38, 50, 54, 166, 356, 390
税金のハエ取り紙理論　188
生産性　166, 242, 250, 278, 320, 370, 392, 396, 398, 418, 431
正常財　26
制度派　362
政府債務　232, 285, 286, 288, 289
政府支出　204, 240, 241, 260, 266, 276, 277, 280, 286, 287, 382
セーフティ・ネット　370
セカンド・ベスト理論　66
セン、アマルティア　410
選好　14, 20, 94, 380
総供給　206, 207, 226
総需要　206, 207, 226, 266, 276
創造的破壊　404, 405
疎外された労働　364
租税負担率　290
ソロー、ロバート　394

タ行

代替効果　28

代替財　24, 25, 42, 44, 276, 308

タダ乗り　64, 426

中央銀行　108, 223, 262, 264, 265, 268, 272, 282, 321, 350, 429

直接税　292, 293, 429, 432

貯蓄過剰　334

通貨危機　348

通貨発行益　110

定額税　296, 297

テイラー、ジョン　272

動学的に不整合　282

投資　78, 90, 116, 117, 122-124, 126, 128, 132, 134, 136-138, 140, 144, 154, 162, 184, 188, 189, 194, 200, 206, 222, 224, 246, 266, 276, 277, 284, 286, 288, 310, 328, 336, 337, 352, 362, 381, 394, 396, 397, 406, 412, 414, 418, 430, 432

トービン、ジェイムズ　132

トービンのQ　132

独占　24, 56, 66, 90, 110, 168, 170, 172, 174, 176-178, 182, 184, 186, 308, 310, 432

独占禁止　24, 56, 66, 182

独占的競争　176, 177

特許　184, 186

取引費用　148

トレードオフ　16, 122, 216, 380

ナ行

内生的成長理論　396

ニューケインジアン　252

年金　180, 204, 265, 302, 370

ハ行

ハイエク、フリードリヒ　376

ハイパーインフレーション　100, 110, 224, 232, 233

バブル　134, 140, 141, 254

パレート改善　52

パレート効率性　52-54

比較優位　318, 319

標準経済理論　92, 308

ビルトイン・スタビライザー　240, 241, 284

貧困ライン　408

フィッシャー、アーヴィング　114

フィッシャー効果　114, 115

フィリップス・カーブ　216-218

フィリップス、ビル　216

フェアトレード　330

フォン・ミーゼス、ルートヴィヒ　368

不確実性　70, 130, 148, 224, 346

不換貨幣　100

不況　3, 126, 208, 220, 222, 224, 240-242, 250, 252, 266, 270, 276, 280, 404, 433

福祉国家　300

物品貨幣　100

不平等　414, 416, 417

部分均衡　48

プライス・テイカー　168

ブレイナード、ウィリアム　132

ブランド　24, 26, 176, 184, 190

フリードマン、ミルトン 218, 270
プリンシパル・エージェント問題 76, 77
ブレトンウッズ体制 332, 333
分業 156, 166, 364, 433
平均費用 160-163, 172, 177, 310
変動相場制 344, 345
貿易赤字 320, 334, 335, 352
補完財 24, 25
保護主義 324, 332
保有効果 92
ポランニー、カール 360

マ行

埋没費用 164
摩擦的失業 86, 214
マッチング 86
マネーサプライ 100, 102-104, 108, 110, 114, 230, 231, 260, 262, 264, 270, 272, 282, 350
マネーストック 104
マルクス、カール 364, 366
マルサス、トーマス 400
見えざる手 50, 54, 404
ミル、ジョン・スチュワート 356
ミンスキー、ハイマン 136
ミンスキー・モーメント 136
名目金利 114, 115, 222
名目賃金 112
モジリアーニ＝ミラーの定理 142

ヤ行

ヤーノシュ、コルナイ 374

ユーロ 350
幼稚産業 324
預金準備率 104
欲求の二重の一致 98

ラ行

ライフサイクル仮説 236, 302
ラッファー、アーサー 278
ラッファー・カーブ 278
リアル・ビジネス・サイクル理論 242
リカード、デイヴィッド 280
リカードの等価定理 280
リスク 70, 72, 74, 78, 82, 92, 117, 120, 122-124, 126, 128, 130, 136, 138, 154, 352, 380, 404
リスク回避的 72, 92
リターン 70, 74, 122-124, 126, 127
利得 72, 324, 330
略奪的価格設定 182, 308
流動性の罠 222
量的緩和 264
履歴効果 220, 221
累進課税 298
ルーカス批判 274
ルーカス、ロバート 274
労働移動 340
労働価値説 366
労働組合 372
ロビンズ、ライオネル 16

Picture credits

15: © Ewing Galloway/ClassicStock/Corbis; 17: © Issei Kato/Reuters/Corbis; 23: Shutterstock/ml; 27: Shutterstock/Africa Studio; 37: © Franco Cogoli/SOPA RF/SOPA/Corbis; 39: Shutterstock/Africa Studio; 45: Shutterstock/Aigars Reinholds; 49: Shutterstock/connel; 61: Shutterstock/evronphoto; 65: Shutterstock/Sorbis; 68: Shutterstock/zentilia; 71: Shutterstock/Sashkin; 73: Shutterstock/Sakonboon Sansri; 75: Shutterstock/Oleksiy Mark; 79: Shutterstock/Uka; 83: Shutterstock/hxdbzxy; 85: Shutterstock/VladisChern; 87: Shutterstock/Ints Vikmanis; 93: Shutterstock/AMC Photography; 99: Shutterstock/2j architecture; 101: Shutterstock/Imagewell; 113: RIA Novosti archive, image #978776/Alexev Kudenko/CC-BY-SA 3.0; 116–17: Shutterstock/SeanPavonePhoto; 121: Shutterstock/Jim Pruitt; 125: Shutterstock/Everett Collection; 131: Shutterstock/gillmar; 139: Shutterstock/sixninepixels; 141: Shutterstock/PHB.cz (Richard Semik); 145: Shutterstock/Fer Gregory; 153: Shutterstock/Pavel L Photo and Video; 159: Mary Evans/Everett Collection; 164: Shutterstock/pollix; 169: by Ester Inbar, available from http://commons.wikimedia.org/wiki/User:ST; 171: Shutterstock/Southdown Studios; 173: Shutterstock/Kodda; 181: carlourossi via wikimedia; 185: Shutterstock/Arcady; 187: Shutterstock/Somchai Som; 191: Shutterstock/Luciano Mortula; 201: Shutterstock/Zurijeta; 203: Shutterstock/Radu Bercan; 205: Shutterstock/Paulo M. F. Pires; 211: Shutterstock/Everett Collection; 215: Shutterstock/Petrafler; 225: © Philimon Bulawayo/Reuters/Corbis; 229: Shutterstock/Yelena Panyukova; 235: Shutterstock/Dragana Gerasimoski; 247: © Kevin LaMarque/Reuters/Corbis; 253: © Hulton-Deutsch Collection/Corbis; 255: Shutterstock/Stephen Griffith; 257: Shutterstock/fritz16; 261: Shutterstock/PanicAttack; 263: Shutterstock/Petronilo G. Dangoy Jr.; 271: The Friedman Foundation for Educational Choice; 281: © Bettmann/CORBIS; 283 Shutterstock/r.nagy; 297: Shutterstock/David Fowler; 301: Topical Press Agency; 303: Shutterstock/Anna Tsekhmister; 307: Shutterstock/Leroy Harvey; 309: Shutterstock/Yuri Samsonov; 311: Shutterstock/shutter; 313: Shutterstock/jvd-wolf; 315: Shutterstock/Nick Pavlakis; 327: Shutterstock/E.G.Pors; 331: Shutterstock/Darrin Henry; 339: Shutterstock/CarpathianPrince; 341: Dorothea Lange U.S. Department of Agriculture; 343: Shutterstock/Vladimir Koletic; 347: Shutterstock/Lisa S.; 349: Bundesarchiv, Bild 102-12023/Georg Pahl/CC-BY-SA; 361: Shutterstock/archideaphoto; 363: Shutterstock/1000 Words; 371: Hulton Archive; 373: Shutterstock/godrick; 375: U.S. National Archives and Records Administration; 377: © UPP/TopFoto; 379: Shutterstock/Karkas; 381: Shutterstock/Tracing Tea; 387: © David Turnley/Corbis; 393: Shutterstock/BarflomiejMagierowski; 397: Shutterstock/Small Town Studio; 399: Shutterstock/Ragma Images; 401: Shutterstock/Vladimir Wrangel; 403: Shutterstock/Stokkete; 407: Shutterstock/joyfull; 409: Shutterstock/paul prescott; 413: Shutterstock/Pecold; 419: Shutterstock/Anneka; 421: Leeyan Kym N. Fontano; 423: Shutterstock/project1photography; 427: Shutterstock/Yvonne Pijnenburg-Schonewille.

[著者] ニーアル・キシテイニー (Niall Kishtainy)

ロンドン・スクール・オブ・エコノミクスで経済学を教えている経済学者、作家。専門は経済史と発展理論。世界銀行や国連アフリカ経済委員会でも経済政策のアドバイザーとして勤務している。著書に、『経済学大図鑑』(三省堂) がある。

[訳者] 望月 衛 (もちづき・まもる)

大和投資信託株式会社リスクマネジメント部。京都大学経済学部卒業、コロンビア大学ビジネススクール修了。CFA、CIIA。投資信託等のリスク管理やパフォーマンス評価に従事。訳書に『ヤバい経済学』『その問題、経済学で解決できます。』『社会学者がニューヨークの地下経済に潜入してみた』(以上、東洋経済新報社)、『反脆弱性』『ブラック・スワン』『まぐれ』『経済は「予想外のつながり」で動く』(以上、ダイヤモンド社)、『ヘッジホッグ』『ウォール街のイカロス』(ともに日本経済新聞出版社) 等がある。

1分間で経済学
—— 経済に強い自分になる200のキーワード

2017年12月13日 第1刷発行

著 者 —— ニーアル・キシテイニー
訳 者 —— 望月 衛
発行所 —— ダイヤモンド社
　　　　　〒150-8409　東京都渋谷区神宮前6-12-17
　　　　　http://www.diamond.co.jp/
　　　　　電話/ 03-5778-7232 (編集)　03-5778-7240 (販売)

ブックデザイン —— 山口拓三 (GAROWA GRAPHICO)
校正 —— 鷗来堂
製作進行 —— ダイヤモンド・グラフィック社
印刷 —— 勇進印刷 (本文)・加藤文明社 (カバー)
製本 —— ブックアート
編集担当 —— 廣畑達也

©2017 Mamoru Mochizuki
ISBN 978-4-478-06687-4
落丁・乱丁本はお手数ですが小社営業局宛にお送りください。送料小社負担にて
お取替えいたします。但し、古書店で購入されたものについてはお取替えできません。
無断転載・複製を禁ず
Printed in Japan